U0595976

个人信息安全的公私协同保护研究

程子豪　著

经济日报 出版社

图书在版编目（CIP）数据

个人信息安全的公私协同保护研究 / 程子豪著.
北京：经济日报出版社，2024. 12.
ISBN 978-7-5196-1540-6

Ⅰ. D923.74

中国国家版本馆CIP数据核字第2024MQ3767号

个人信息安全的公私协同保护研究
GEREN XINXI ANQUAN DE GONGSI XIETONG BAOHU YANJIU

程子豪　　著

出　　版	*经济日报* 出版社	
地　　址	北京市西城区白纸坊东街 2 号院 6 号楼 710（邮编 100054）	
经　　销	全国新华书店	
印　　刷	三河市悦鑫印务有限公司	
开　　本	710mm×1000mm　1/16	
印　　张	10	
字　　数	179	
版　　次	2025 年 1 月第 1 版	
印　　次	2025 年 1 月第 1 次印刷	
定　　价	79.00 元	

本社网址：edpbook.com.cn　　　　　　微信公众号：经济日报出版社
本社法律顾问：北京天驰君泰律师事务所，张杰律师　举报信箱：zhangjie@tiantailaw.com
举报电话：010-63567684
本书如有印装质量问题，请与本社总编室联系，联系电话：010-63567684

　　《中华人民共和国个人信息保护法》（以下简称《个人信息保护法》）的实施标志着我国个人信息保护进入了一个新的阶段。该法律确立了一系列个人信息保护的原则和规则，明确了个人信息处理应遵循合法、正当、必要的原则，要求处理者在处理过程中采取安全措施和对个人权益影响最小的方式，同时保障信息质量。它还特别强调了"告知—同意"规则，要求在充分告知的基础上取得个人同意，并对敏感个人信息的处理设定了更严格的要求。此外，禁止"大数据杀熟"等不公平的自动化决策行为，强化了对未成年人个人信息的保护，要求国家机关在处理个人信息时必须依法行事。法律赋予了个人广泛的知情权和决定权，包括查询、复制、更正和删除个人信息的权利。个人信息处理者被赋予了保障个人信息安全的责任，包括制定内部管理制度和采取安全技术措施。对于大型互联网平台，法律设定了特别的义务，要求其建立合规制度并接受外部监督。在个人信息跨境流动方面，法律构建了一套清晰的规则，以适应全球化背景下的个人信息保护需求。最后，法律还强化了监管机制，明确了国家网信部门和国务院有关机构在个人信息保护和监管方面的职责，确保法律的有效实施。这些亮点共同构成了《个人信息保护法》的核心内容，旨在保护个人信息权益，促进数字经济的健康发展。

　　《个人信息保护法》诞生于数字经济快速发展的浪潮中，个人信息安全问题在其中日益凸显，成为法学理论研究与现实治理的重要议题，本书正是在这

样的背景下完成的创作。个人信息的泄露、滥用不仅侵了犯个人隐私权，也对社会秩序和经济发展构成潜在威胁。因此，探讨如何在现有法规制度的基础上对个人信息安全进行更好的保护，对于构建稳定有序的现代化社会、发展健康的数字经济具有重要的理论和实践意义。本书旨在分析和构建一个民事法救济与行政监管协同的个人信息安全保护机制，以有效应对个人信息安全面临的挑战。研究范围涵盖在公法与私法协同的框架下，民事法救济与行政监管在个人信息保护中各自的优势、短板以及如何实现二者的互补。同时从第三方治理的维度分析第三方规制如何在个人信息保护的实践中发挥作用。

具体而言，本书并不是简单地对《个人信息保护法》的立法背景、条文框架进行梳理，而是从个人信息的概念界定出发，对个人信息的定义、分类及其在现代社会中的重要性进行详细的阐述。探讨在数字技术得到广泛应用的今天，相较于传统的定义，个人信息又将被赋予哪些新的内涵。个人信息不仅包括传统的个人身份信息，如姓名、地址、电话号码等，还包括生物识别信息、网络行为数据等新型信息。这些信息的集合构成了个人的数字身份，直接关系到个人的隐私、财产安全乃至人身安全。在此基础上，对《个人信息保护法》的基本原则进行梳理，这些原则不仅是当下个人信息保护法律体系的理论基础，更是法规具体实施时的行动指南。本书的研究范围广泛，方法严谨，针对相关主题的研究，主要是通过以下几类方法展开：一是文献分析法。根据本书所要研究的"个人信息安全的公私协同保护研究"这一主题，通过搜集国内外近些年的相关文献，更加全面而深刻地了解所要研究的问题，从而对大数据时代国内外个人信息保护的历史渊源、现状、法理价值、问题与对策等进行系统的分析；二是比较研究法。本书中关于个人信息保护行政监管相关主体的认定以及相关主体概念的界定需采用比较研究法。就处理个人信息的主体，欧美国家基于其立法传统最终选择了"个人信息控制者"，我国的最终立法选择是"个人信息处理者"。我国在个人信息保护立法实践中曾向欧美国家进行学习与借

　　《中华人民共和国个人信息保护法》（以下简称《个人信息保护法》）的实施标志着我国个人信息保护进入了一个新的阶段。该法律确立了一系列个人信息保护的原则和规则，明确了个人信息处理应遵循合法、正当、必要的原则，要求处理者在处理过程中采取安全措施和对个人权益影响最小的方式，同时保障信息质量。它还特别强调了"告知—同意"规则，要求在充分告知的基础上取得个人同意，并对敏感个人信息的处理设定了更严格的要求。此外，禁止"大数据杀熟"等不公平的自动化决策行为，强化了对未成年人个人信息的保护，要求国家机关在处理个人信息时必须依法行事。法律赋予了个人广泛的知情权和决定权，包括查询、复制、更正和删除个人信息的权利。个人信息处理者被赋予了保障个人信息安全的责任，包括制定内部管理制度和采取安全技术措施。对于大型互联网平台，法律设定了特别的义务，要求其建立合规制度并接受外部监督。在个人信息跨境流动方面，法律构建了一套清晰的规则，以适应全球化背景下的个人信息保护需求。最后，法律还强化了监管机制，明确了国家网信部门和国务院有关机构在个人信息保护和监管方面的职责，确保法律的有效实施。这些亮点共同构成了《个人信息保护法》的核心内容，旨在保护个人信息权益，促进数字经济的健康发展。

　　《个人信息保护法》诞生于数字经济快速发展的浪潮中，个人信息安全问题在其中日益凸显，成为法学理论研究与现实治理的重要议题，本书正是在这

样的背景下完成的创作。个人信息的泄露、滥用不仅侵了犯个人隐私权，也对社会秩序和经济发展构成潜在威胁。因此，探讨如何在现有法规制度的基础上对个人信息安全进行更好的保护，对于构建稳定有序的现代化社会、发展健康的数字经济具有重要的理论和实践意义。本书旨在分析和构建一个民事法救济与行政监管协同的个人信息安全保护机制，以有效应对个人信息安全面临的挑战。研究范围涵盖在公法与私法协同的框架下，民事法救济与行政监管在个人信息保护中各自的优势、短板以及如何实现二者的互补。同时从第三方治理的维度分析第三方规制如何在个人信息保护的实践中发挥作用。

具体而言，本书并不是简单地对《个人信息保护法》的立法背景、条文框架进行梳理，而是从个人信息的概念界定出发，对个人信息的定义、分类及其在现代社会中的重要性进行详细的阐述。探讨在数字技术得到广泛应用的今天，相较于传统的定义，个人信息又将被赋予哪些新的内涵。个人信息不仅包括传统的个人身份信息，如姓名、地址、电话号码等，还包括生物识别信息、网络行为数据等新型信息。这些信息的集合构成了个人的数字身份，直接关系到个人的隐私、财产安全乃至人身安全。在此基础上，对《个人信息保护法》的基本原则进行梳理，这些原则不仅是当下个人信息保护法律体系的理论基础，更是法规具体实施时的行动指南。本书的研究范围广泛，方法严谨，针对相关主题的研究，主要是通过以下几类方法展开：一是文献分析法。根据本书所要研究的"个人信息安全的公私协同保护研究"这一主题，通过搜集国内外近些年的相关文献，更加全面而深刻地了解所要研究的问题，从而对大数据时代国内外个人信息保护的历史渊源、现状、法理价值、问题与对策等进行系统的分析；二是比较研究法。本书中关于个人信息保护行政监管相关主体的认定以及相关主体概念的界定需采用比较研究法。就处理个人信息的主体，欧美国家基于其立法传统最终选择了"个人信息控制者"，我国的最终立法选择是"个人信息处理者"。我国在个人信息保护立法实践中曾向欧美国家进行学习与借

　　《中华人民共和国个人信息保护法》（以下简称《个人信息保护法》）的实施标志着我国个人信息保护进入了一个新的阶段。该法律确立了一系列个人信息保护的原则和规则，明确了个人信息处理应遵循合法、正当、必要的原则，要求处理者在处理过程中采取安全措施和对个人权益影响最小的方式，同时保障信息质量。它还特别强调了"告知—同意"规则，要求在充分告知的基础上取得个人同意，并对敏感个人信息的处理设定了更严格的要求。此外，禁止"大数据杀熟"等不公平的自动化决策行为，强化了对未成年人个人信息的保护，要求国家机关在处理个人信息时必须依法行事。法律赋予了个人广泛的知情权和决定权，包括查询、复制、更正和删除个人信息的权利。个人信息处理者被赋予了保障个人信息安全的责任，包括制定内部管理制度和采取安全技术措施。对于大型互联网平台，法律设定了特别的义务，要求其建立合规制度并接受外部监督。在个人信息跨境流动方面，法律构建了一套清晰的规则，以适应全球化背景下的个人信息保护需求。最后，法律还强化了监管机制，明确了国家网信部门和国务院有关机构在个人信息保护和监管方面的职责，确保法律的有效实施。这些亮点共同构成了《个人信息保护法》的核心内容，旨在保护个人信息权益，促进数字经济的健康发展。

　　《个人信息保护法》诞生于数字经济快速发展的浪潮中，个人信息安全问题在其中日益凸显，成为法学理论研究与现实治理的重要议题，本书正是在这

样的背景下完成的创作。个人信息的泄露、滥用不仅侵了犯个人隐私权，也对社会秩序和经济发展构成潜在威胁。因此，探讨如何在现有法规制度的基础上对个人信息安全进行更好的保护，对于构建稳定有序的现代化社会、发展健康的数字经济具有重要的理论和实践意义。本书旨在分析和构建一个民事法救济与行政监管协同的个人信息安全保护机制，以有效应对个人信息安全面临的挑战。研究范围涵盖在公法与私法协同的框架下，民事法救济与行政监管在个人信息保护中各自的优势、短板以及如何实现二者的互补。同时从第三方治理的维度分析第三方规制如何在个人信息保护的实践中发挥作用。

具体而言，本书并不是简单地对《个人信息保护法》的立法背景、条文框架进行梳理，而是从个人信息的概念界定出发，对个人信息的定义、分类及其在现代社会中的重要性进行详细的阐述。探讨在数字技术得到广泛应用的今天，相较于传统的定义，个人信息又将被赋予哪些新的内涵。个人信息不仅包括传统的个人身份信息，如姓名、地址、电话号码等，还包括生物识别信息、网络行为数据等新型信息。这些信息的集合构成了个人的数字身份，直接关系到个人的隐私、财产安全乃至人身安全。在此基础上，对《个人信息保护法》的基本原则进行梳理，这些原则不仅是当下个人信息保护法律体系的理论基础，更是法规具体实施时的行动指南。本书的研究范围广泛，方法严谨，针对相关主题的研究，主要是通过以下几类方法展开：一是文献分析法。根据本书所要研究的"个人信息安全的公私协同保护研究"这一主题，通过搜集国内外近些年的相关文献，更加全面而深刻地了解所要研究的问题，从而对大数据时代国内外个人信息保护的历史渊源、现状、法理价值、问题与对策等进行系统的分析；二是比较研究法。本书中关于个人信息保护行政监管相关主体的认定以及相关主体概念的界定需采用比较研究法。就处理个人信息的主体，欧美国家基于其立法传统最终选择了"个人信息控制者"，我国的最终立法选择是"个人信息处理者"。我国在个人信息保护立法实践中曾向欧美国家进行学习与借

鉴，为何在最终的立法文本中出现主体概念选择上的差异，需要通过比较研究法进行进一步探究；三是法经济学研究法。法经济学所研究的对象是某项法律制度、手段在具体实践中与经济成本、效益等之间的关系。法经济学就是将法律制度视为经济运行的重要因素之一，从经济学的角度探究法律制度，具有跨学科研究的特征。本书在探讨个人信息的民事诉讼救济保护模式时，发现侵权诉讼所耗成本与诉讼成果不匹配，暴露了司法救济途径的局限性。

本书通过梳理国内外个人信息保护相关学者的观点及部分实践现状，对个人信息保护的路径选择进行了探讨，指出了法律实施中存在的问题和挑战，提出了一系列建议和对策，这不仅对法学研究者和实务工作者具有重要的参考价值，对关心个人信息安全的公众也有积极意义。在数字经济时代，个人信息安全保护不仅是法律问题，更是社会问题。当下个人信息安全所面临的威胁主要来自于黑客攻击、数据泄露、身份盗窃等，这些威胁既有外部的恶意攻击，也有内部的数据管理不善和滥用。因此，保护个人信息安全需要多方面的努力，包括技术防护、法律规制、行业自律和社会教育等。作者认为，《个人信息保护法》的实施标志着我国个人信息保护进入了一个新的阶段，为个人信息权益提供了更为全面的保护。同时，作者也指出了该法在实施过程中存在的问题，如法律责任的界定模糊、监管机制不完善、跨境数据流动的管理不便等。在民事法救济与行政监管的二元体系中，就民事法救济而言，作者探讨了个人信息侵权的民事责任，包括侵权责任的构成要件、责任主体的确定、损害赔偿的计算等。实践中，民事法救济是个人信息权益保护的重要途径，但其在实践中也面临着举证难、诉讼成本高等问题。因此，需要进一步完善相关法律规定，降低个人维权的门槛，提高司法救济的效率。就行政监管而言，作者分析了行政监管在个人信息保护中的作用和面临的困境，指出行政监管具有专业性和强制性，能够有效地规范个人信息处理活动，预防和惩治违法行为。然而，行政监管也面临着资源有限、技术更新快、监管人员专业性不足等问题。因此，需要加强行政监管机构的能力建设，提高监管的科学性和有效性。为了充分发挥不同保护模式的机制效能，作者提出了构建民事法救济与行政监管协同保护机制的建议，即民事法救济与行政监管应当相互补充、相互支持，形成保护个人信息安全的合力。

最后，作者对个人信息保护的未来趋势进行了展望。随着数字经济的发展和信息技术的进步，个人信息安全保护将面临更多的挑战和机遇。因此，需要不断地完善法律体系，创新保护机制，加强国际合作，以适应时代的发展和变化。总之，本书是一部全面、深入、系统的研究成果。本书的出版，相信可以为个人信息安全保护的学术研究和实践探索提供一定的借鉴和启示。相信随着个人信息保护法律体系的不断完善和社会各界对个人信息安全重视程度的不断提高，个人信息安全问题将得到更有效的保护。

作 者

2024 年 7 月

目 录 CONTENTS

第一章

个人信息安全与保护现状

随着大数据与互联网信息技术的普及与使用，数字信息技术极大地便捷了民众的日常生活，也进一步提升了生产效率，推动了数字经济的建设与发展，宣告了数字时代的来临。在数字时代，每个人的日常生活得到改善的同时，其个人信息也趋于"数字化"。在网络公共空间中，个人信息数据大量集中，因此，个人信息安全的保障日益重要。然而，近年来个人信息被大量违规收集、处理及泄露的案件频发。

一、个人信息保护机制的立法展开

以"滴滴案"为例，国家互联网信息办公室于 2022 年 7 月 21 日依法对滴滴公司涉嫌违法处理个人信息的行为进行立案调查。根据调查显示，滴滴公司违反《个人信息保护法》《网络安全法》《数据安全法》等法律法规，违法、过度收集乘客相关信息，其中包括用户截图信息、人脸识别信息等。鉴于此类违法违规行为的恶劣影响，国家互联网信息办公室根据相关法律法规对滴滴公司实施了 80.26 亿元的行政罚款。滴滴公司违法收集乘客的个人信息是近年来大型互联网信息公司利用规模与技术优势侵犯公民个人信息权益的缩影，其一系列行为存在严重的侵害个人信息安全的情形，同时也给网络公共安全带来严重威胁。国家互联网信息办公室作为网络信息安全的监管部门，对滴滴公司实施行政处罚是政府依法对个人信息侵权行为所实施的行政监管行为，而国家互联网信息办公室作为国家机关，对大型互联网平台企业处以高额罚款体现了国家对于个人信息保护工作的重视。

自 2021 年《个人信息保护法》正式实施以来，国家相关部门依据《个人信息保护法》对侵害个人信息安全的行为进行监管。《个人信息保护法》既注重对于私权利的保护，又明确了相关行政监管措施，其本质是通过公私法并重的综合监管模式对个人信息权益进行保护。[1]但在现实中应当如何平衡与协调好私权利保护和行政监管这两种个人信息保护机制，从而实现最佳的保护效果，《个人信息保护法》在条文中并没有明确告知。作者将针对"个人信息"与"个人信息处理者"进行概念上的界定，立足于现有的立法、学术理论以及具体实践，对个人信息保护模式的"公私法路径"进行分析，比较论证实施民事救济与行政监管在个人信息安全保护中的作用，并依据《个人信息保护法》的基本原则阐述民事救济与行政监管这两种模式的学理性内涵，最终从学理上回到实践中，结合当下民事救济与行政监管所面临的现实困境，对不同保护模式的具体措施进行探究与完善，探索更加科学、高效、多元的个人信息保护机制。

（一）个人信息保护立法目的初探

对于《个人信息保护法》的立法目的在学界尚有争论，即该法的立法初衷是对私权利进行保护，还是侧重于对国家与社会的公共利益进行维护。换言之，《个人信息保护法》其目的是以私权利为中心展开保护，还是以公法的手段，即通过实施行政监管措施来强制个人信息处理者在其经营活动中保障个人信息的安全。这些问题关乎《个人信息保护法》的立法选择与具体实践两大层面。学界对此也看法不一[2]：第一，在私法层面下，以权利为中心的保护模式。以王成为代表的一部分学者支持这一模式，认为这一模式更加适合当下的立法选择与司法体制建设、改革。[3]第二，权利保护和行政监管双轮驱动的综合治理的保护模式。张新宝教授认为，权利保护即民事保护，权利保护与行政监管双轮驱动就是私法和公法保护双管齐下，体现治理的综合性。[4]丁晓东对此观点是个人信息保护应侧重于对潜在风险的防范，是公私法保护模式的项下，既保护消费者权益，又落实行政监管措施。[5]第三，以监管为主，其他手段辅之的保护机制。

---

① 《个人信息保护法》第 1 条开宗明义指出保护个人信息权益，并在第四章明确了个人在个人信息处理活动中的各项权利，但也在第六章规定了个人信息保护部门的具体职责以及监管措施。

② 个人信息保护模式一直是个人信息保护立法过程中学界争议的焦点问题，论争也未因《个人信息保护法》的实施而停止。

③ 参见丁晓东：《个人信息私法保护的困境与出路》，《法学研究》2018 年第 6 期，第 194 页。

④ 参见王锡锌：《国家保护视野中的个人信息权利束》，《中国社会科学》2021 年第 11 期，第 115 页；参见王锡锌：《个人信息权益的三层构造及保护机制》，《现代法学》2021 年第 5 期，第 105 页；参见王锡锌：《个人信息国家保护义务及展开》，《中国法学》2021 年第 1 期，第 145 页。

⑤ 参见丁晓东：《个人信息私法保护的困境与出路》，《法学研究》2018 年第 6 期，第 194 页。

应立足于个人信息受保护权这一逻辑基础，从维护自然人个人信息权益和社会公共利益出发，强化监管与执法效能，构建事前风险防范、事中监督检查、事后持续监测与跟进处理的全流程监管体系，在此监管体系内发挥行政监管的主导性作用，私法保护与之相协调，从而构建"公""私"两种模式并重的个人信息保护模式。① 此外，还有学者认为个人信息保护法的制定是立足于社会公共利益，具有一定的公法基础，旨在强化对相关个人信息处理行为的规制，其主要内容包含了公权力、私权力和社会救济。每一种观点都有其基本立场以及相应的合理性，但具体应该采用哪种观点，需要结合具体的实践情况来看。

（二）个人信息保护模式的学理辨析

依据前述，个人信息处理者可以确定为我国目前从事个人信息保护实践的第一责任主体，但在我国个人信息安全的保护模式上，是适用"公法保护"还是"私法保护"，学界存在着各种观点。有的学者以个人信息权为私权而主张采取民事救济。② 有的学者则认为个人信息同样具有公共属性，应当以国家公权力的介入来实施有效监管。③ 由于当下具有一定规模的个人信息处理者与个人的地位逐渐失衡，私法模式无法实现有效保护。面对现有的信息安全挑战，有学者提出在现阶段的个人信息保护领域，应侧重于网络用户这一私主体信息权益的保护，尤其是将用户视为消费者，将个人信息保护工作视为对互联网消费者相关权益的保护，同时基于对事前风险的防范构建公权力保护机制；④ 还有学者主张个人信息保护在具体实践中应依据相关行业标准。⑤ 这类主张都在表明单纯私法保护不再是个人信息保护的未来方向，私法保护的局限性使得探索更加多元的保护机制成为可能。在传统的私法保护模式下，所涉及的法律法规包括但不限于《民法典》（具体体现在"侵权责任编"）等相关法律法规。⑥ 虽然私法保护的法律基础包括司法救济的相关规定，但实际上鲜有自然人通过

---

① 参见王锡锌：《国家保护视野中的个人信息权利束》，《中国社会科学》2021 年第 11 期，第 115 页；参见王锡锌：《个人信息权益的三层构造及保护机制》，《现代法学》2021 年第 5 期，第 105 页；参见王锡锌：《个人信息国家保护义务及展开》，《中国法学》2021 年第 1 期，第 145 页。

② 参见周汉华：《个人信息保护的法律定位》，《法商研究》2020 年第 3 期，第 53 页。

③ 参见刘晓春：《大数据时代个人信息保护的行业标准主导模式》，《财经法学》2017 年第 2 期，第 11-14 页。

④ 参见丁晓东：《个人信息私法保护的困境与出路》，《法学研究》2018 年第 6 期，第 194 页。

⑤ 参见刘晓春：《大数据时代个人信息保护的行业标准主导模式》，《财经法学》2017 年第 2 期，第 11-14 页。

⑥ 还包括《全国人民代表大会常务委员会关于加强网络信息保护的决定》《最高人民法院关于审理利用信息网络侵害人身权益民事纠纷案件适用法律若干问题的规定》等。

司法途径来对自身个人信息安全予以保护的情况。①

　　面对存在的个人信息安全挑战，单一的私法保护模式已无法满足当下的个人信息保护需求。针对复杂多元的信息安全环境，需要三方协同配合才能更好地对个人信息加以保护——个人信息处理者要做到对个人信息处理活动的合法合规，自然人在面对个人信息者的侵权时要积极申诉维权，国家公权力机关要做好强有力的行政监管工作。②其中自然人的申诉和公权力机关的行政监管措施就是典型的私法与公法保护模式，两者在具体的个人信息保护实践中都发挥着重要作用，且都是个人信息保护体系的重要组成部分，二者缺一不可。③但"公""私"两种保护模式的长处与短处仍然需要做进一步探究，立足于当下私法保护模式的局限性，思考如何发挥行政监管的比较优势，从而做好公私法框架下民行保护模式的协调与配合。

二、个人信息的定义与分类

　　个人信息的定义与分类对于个人信息保护法律的制定和实施至关重要。它们不仅影响个人信息保护的范围和强度，也关系到个人隐私权的保护和数据利用的平衡。随着数字技术的发展和个人信息利用方式的多样化，个人信息的定义与分类也在不断发展和细化，以适应新的法律和社会需求。因此，对个人信息的定义与分类进行深入的学理研究，对于完善个人信息保护法律体系、保障个人权益具有重要的现实意义。

（一）个人信息的定义

　　个人信息，也称个人数据，是指以电子或者其他方式记录的能够单独或者与其他信息结合识别自然人个人身份的各种信息。在世界立法史上，与"个人信息"这一概念表述相关、相似的大致可分为三类——"个人隐私""个人资料"以及"个人数据"。美国学者沃伦和布兰代斯于1890年在文章《隐私权》中首次提出"隐私权"理论，④随着该理论的不断完善与发展，美国在相关领

---

① 参见程啸：《我国〈民法典〉个人信息保护制度的创新与发展》，《财经法学》2020年第4期，第45–46页。
② 参见孔祥稳：《论个人信息保护的行政规制路径》，《行政法学研究》2022年第1期，第132页。
③ 参见程啸：《民法典编纂视野下的个人信息保护》，《中国法学》2019年第4期，第26页。
④ 参见周斯佳：《个人数据权与个人信息权关系的厘清》，《华东政法大学学报》2020年第2期，第89页。

域的立法也受其影响颇深，"个人隐私"就是在此理论的影响下出现在美国 20 世纪七八十年代的隐私法中。1978 年，法国颁布了《资料保护法》，而挪威也在同年颁布了《个人资料登录法》，这两部法律都采用了"个人资料"这一概念。20 世纪末至 21 世纪初，奥地利《联邦个人数据保护法》与德国《联邦数据保护法》皆使用了"个人数据"一词。采用"个人信息"概念的典型立法例有 1999 年韩国的《公共机关信息保护法》和 2003 年日本的《个人信息保护法》。

　　虽然上述概念的出现分布于不同的历史时期，但每一概念相关的立法例所涉及的内容与所保护的法益具有一定的趋同性，而其中存在的差异可归因于不同的国家对一类事物或者概念的理解有其本土习惯与特色。但随着社会的发展与技术的革新，即便个人信息与个人资料、个人隐私以及个人数据所保护的法益具有趋同性，基于学术研究与法律实践的需要，有必要对上述概念进行更具体的界定与区分，从而在新的历史时期更好地保护相关权益。

　　齐爱民认为"个人信息"与"个人资料"存在着互为表里的关系——"个人信息"是"个人资料"的内容，是"个人资料"的重要组成部分，而"个人资料"是"个人信息"的外在表现形式。[①] 但是随着互联网、人工智能、云计算等数字信息技术的迅猛发展，"个人资料"这一概念的使用限制了对个人信息相关法益的保护。因此，在近年来的学术研究、立法、执法等层面，"个人信息"逐渐取代了"个人资料"。我国《中华人民共和国民法典》（以下简称《民法典》）第 5 章第 110 条规定了"隐私权"是自然人所享有的具体人格权。在《民法典》正式实施以前的很长一段时间里，对于隐私权的设置与保护并没有给予足够的重视，仅仅是将其作为名誉权项下的一类法益。《民法典》实施后，"隐私权"成为具体人格权的重要组成部分。同时，《民法典》第 110 条专门设立了"个人信息权"，这表明我国从民事立法上将"隐私"与"个人信息"进行了分别保护。

　　"个人隐私"过去被认为是"个人信息"的一部分，[②] 即对于"个人信息"的保护不仅仅是个人隐私，还包括其他非传统形式上的个人信息，使用"个人信息"更加符合时代特征以及社会发展的需要。此外，通过相关法律的比较研究我们发现，英国的《数据保护法》规定，"数据是信息的一部分，即其范围要小于信息，数据一般指在计算机运行中所产生、使用或存档的信息。"这是

---

① 齐爱民：《论个人资料》，《法学》2003 年第 8 期，第 80 页。

② 周斯佳：《个人数据权与个人信息权关系的厘清》，《华东政法大学学报》2020 年第 2 期，第 89 页。

对数据与信息的区分作出的明文规定。因此，还需对"个人信息"与"个人数据"进行界定，相较于"个人数据"而言，"个人信息"的概念更为概括与抽象，也体现出不确定性，这与"个人数据"的直观、客观形成了对比，也正是因为"个人信息"的不确定性，不少学者反对将其作为所要保护的对象，而支持保护更加具体的"个人数据"。支持使用"个人信息"的学者则认为，"信息"的抽象与不确定性为保护工作带来了挑战，但信息技术的发展本身就使得信息保护工作不能再拘泥于传统模式，将"信息"作为保护的对象可以倒逼信息保护工作更加灵活与细致，更加符合当下发展的需要。基于此，不少学者亦认为相关法益的保护不能脱离时代背景，使用"个人信息"概念更符合立法选择的目的和法益保护的需要。① 随着大数据与互联网技术得到普遍使用，"个人信息"的数字化得到实现，海量的"个人信息"存储于互联网系统的数据之中，但数字化的"个人信息"依然不能与"个人数据"划等号，因为在数字时代将"个人信息"局限于"个人数据"不利于法律对"个人信息"相关的法益实施有效保护。结合我国的相关立法例来看，我国在《民法典》中明确了"个人信息权"，《网络安全法》第 76 条第 5 款和《个人信息保护法》第 1 章第 4 条都对"个人信息"的概念进行了明确。② 这一规定相较于其他法律法规更加精简与凝练，也体现了"个人信息"的概念界定问题是个人信息保护实践的前提。与此同时，我国的《中华人名共和国刑法》《刑事诉讼法》《消费者权益保护法》等法律法规中皆使用了"个人信息"一词。由此可见，在我国目前的立法例中，"个人信息"已经成为一般通用的概念。

基于上述立法实践中对于"个人信息"概念的适用，我国目前对于"个人信息"概念的表述存在着不同的学说，"识别说"是目前学界中认同度较高的一类。"识别说"所表达的具体内涵是信息主体之间的"交互性"与"可识别性"，即"信息"本身并不是所需关注的重点，如何通过"信息"对个人完成识别才是最重要的，并在"识别后"产生新的"信息"。齐爱民和张新宝教授都曾基于"识别说"对"个人信息"进行定义。③ 在我国，"识别说"不仅适用

① 姚佳：《论个人信息处理者的民事责任》，《清华法学》2021 年第 3 期，第 42 页。

② 《个人信息保护法》第 1 章第 4 条规定，"个人信息是以电子或者其他方式记录的与已识别或者可识别的自然人有关的各种信息，不包括匿名化处理后的信息"。

③ 齐爱民教授认为，"个人信息"指可以识别本人的信息的总和，包括自然人的生理、心理、智力等各方面信息。张新宝教授认为"个人信息"指与身份已经被识别或者身份可以被识别的自然人相关的任何信息。

于学理上对"个人信息"的概念进行界定，也多见于立法实践中。[①] 通过对理论和实践层面的梳理，可见，在数字信息技术快速迭代与网络信息安全日益重要的新形势下，保证公民个人信息的"可识别"是落实个人信息保护的基础，更是对个人信息处理活动实施行政监管的重要依托。在域外的立法实践中，对于"个人信息"和"个人数据"等相关条款的表述亦遵循"识别说"。[②]

这一定义涵盖了两个核心要素：一是识别性，即信息能够指向特定的个人；二是关联性，即信息与个人身份关联。识别性是个人信息最显著的特征，它要求信息能够直接或间接地识别到一个特定的自然人。直接识别性信息包括姓名、身份证号码、电话号码等，而间接识别性信息则可能通过与其他数据的结合来识别个人，如 IP 地址、地理位置等。关联性则强调个人信息与个人身份的联系。个人信息不只是孤立的数据，它们在特定情境下能够与个人的身份建立起联系，从而成为个人信息。例如，一个人的购物记录单独来看可能并不构成个人信息，但如果与该人的姓名和地址相结合，则能够识别出具体的购买者，从而成为个人信息。基于此，个人信息亦可以根据不同的标准进行分类。

（二）个人信息的分类

根据信息的敏感程度可分为敏感个人信息与一般个人信息。敏感个人信息是指一旦泄露、非法提供或滥用可能危害人身和财产安全，或导致个人名誉、身心健康受到损害或歧视性待遇的个人信息。例如，种族、宗教信仰、基因、指纹、面部识别特征等；根据信息的来源可分为直接个人信息与间接个人信息。直接个人信息是指直接从个人处获取的信息，如通过填写表格、在线注册等方式收集的信息。间接个人信息则是通过观察、监控或从第三方获取的信息，如通过社交媒体、公共记录等途径获得的信息；根据信息的处理方式可分为静态个人信息与动态个人信息。静态个人信息是指在某一时间点上固定不变的信息，如出生日期、性别等。动态个人信息则是随着时间变化而变化的信

---

① 例如，我国行政法相关领域的法规保护的公民个人信息指能够识别公民个人身份和涉及公民个人隐私的电子信息。

② 例如，根据《通用数据保护条例》（General Data Protection Regulation，GDPR）的相关规定，个人数据是指与已识别或可识别的自然人（数据主体）相关的任何信息。GDPR 是欧盟（EU）的一项重要数据保护法规，于 2016 年 4 月通过，2018 年 5 月 25 日正式生效，旨在加强和统一欧盟境内个人数据的保护，并赋予个人对自己数据更多的控制权。GDPR 对全球范围内的公司都有影响，尤其是那些处理欧盟居民数据的公司，无论这些公司是否位于欧盟境内。违反 GDPR 的规定可能导致重大的罚款，最高可达公司全球年营业额的 4% 或 2000 万欧元（两者取高）。

息，如位置信息、交易记录等；根据信息的功能可分为标识性信息、属性性信息、关联性信息。标识性信息是用于识别个人身份的信息，如姓名、身份证号码等。属性性信息指描述个人的特征或状态，如身高、体重、职业等。关联性信息则反映个人的行为或偏好，如购物习惯、浏览历史等。

（三）数字时代个人信息的独特内涵

近十年以来，随着全球网络基础设施的完善与优化，互联网、大数据、云计算等技术的普及，数字时代已然来临。在数字时代，数据是关键的生产要素，但数据是一个较为宏观的概念，具体到某一领域就是一类事物的数字化体现，例如，个人信息的数据形式既是数字时代的重要内容，也是网络空间中最重要的生产要素之一。随着新型数字信息技术的大量普及与适用，它们为人们的生活带来了便利，但同时，这些技术也给个人信息安全带来了风险和挑战。近年来，个人信息泄露与违法处理个人信息的事件频发。因此，个人信息的安全是数字时代稳定经济秩序与推进科技进步的基础。

同时，我们需要注意到，随着大数据、人工智能等技术的普及，改变了传统的信息传播与存储的方式。在此之前，个人信息往往通过纸质文本的形式存储于文件档案中，转化为电子化保存的数量较小，也因为受限于技术水平，个人信息的收集与存储方式低效且冗杂，政府、企业等单位在收集与使用相关信息时十分不便。此外，传统的个人信息处理方式过于机械，没有对个人信息进行科学的分类与界定，也无法针对个人信息进行深度的分析，从而使得对个人信息的储存仅仅停留在形式上的文字与数据储存，导致个人信息的储存混乱，其经济与社会价值无法得到充分发掘。但在数字时代，在新技术的支持下，基于个人信息的"可识别性"，辅以科学合理地整理与分析，使得个人信息成为数字时代经济社会发展的重要资源，即前述所提的重要的生产要素。基于个人信息在数字时代的巨大价值以及所面临的挑战，我国作为数字经济大国，应充分发挥个人信息的各类价值并重视个人信息安全的保护工作，因为，保障个人信息安全是处理、使用个人信息的基础与前提。我国于 2021 年正式实施了《个人信息保护法》，应当根据《个人信息保护法》明确各主体在个人信息保护实践中的责任，并依照相关行政法规、具体措施对个人信息处理者及其行为实行有效监管，以保障个人信息的安全。

来呢？难道是自己的月经不正常吗？薇薇要问问妈妈，妈妈一定知道的。

💜 妈妈告诉我

薇薇，现在的你，一定在为"好朋友"没有准时到访而感到焦虑不安吧？

其实，这是很正常的现象。月经在每个月固定的时候来算正常，但也会因人而异，有的隔一两个月来，也有的过了半年还不来，还有的一个月会经历两次。尤其是在初潮之后的月经周期都是不太准确的，所以你不要过于担心。

在月经初潮的时候，由于卵巢的功能和调节机制都不稳定，所以在月经初潮后的半年到一年时间内，月经不一定按照规律每月来潮。初潮后，一般隔几个月、半年甚至一年才会有第二次来潮。而且每次月经的时候经血量的多少也不一样。这些都是正常现象，并非病理现象，因为身体的发育受很多因素的综合影响，而且月经对于女孩来说也是一个大的转折，需要一段时间来发展和完善。一般来讲，从不规律的月经逐渐到规律、正常的月经，这个过程所需要的时间，最多不会超过 2 年，以后你就会按月规律地来潮。

当然，对于月经的早来与晚来，也有很多其他的因素。比如月经对周围的环境很敏感，如果近段时间你的心情过于紧张，月经往往就会跳过不来了；如果你现在正在进行"魔鬼减肥计划"或者是"野外大探险"之类的活动，身体忙于适应这种新的生活环境，月经也会跳过不来。再告诉你一个小常识，当怀有宝宝的时候，也不会来月经。可见，月经与我们的心理和周围环境有很密切的关系。

肚子疼啊

放学之后，几个小伙伴原本计划要去学校旁边新开的"现酿酸奶刨冰"那里尝尝味道，而小琴却提前撤了，她说道："你们去吧，我要先回家。"同伴们都觉得很奇怪，这太不符合小琴的性格了，要知道，她可是个好奇心很强的女孩。

如果是在以前，她怎么会轻易放弃尝鲜的机会呢？小谷走过去问她："你怎么不去了？"小琴对小谷说："大姨妈来了，肚子疼啊。"

"大姨妈来你家啊，哦，"小谷于是依文解义道，"以前从来没有听说过你还有个姨妈。"

"不是……"小琴像盯一块木头一样看着小谷，"每个月都要来的，那个来了。"小谷一听便乐了，原来月经还有这么个"雅称"啊，此姨妈非彼姨妈也。

"还不错嘛，有个姨妈，月月都来看你，哈哈哈。"小谷拿她打趣，"我肚子很疼啊，你居然拿我找乐，"小琴对小谷说的话很是不满，故作深沉地说道，"哎！交友不慎啊。"

看小琴急了，小谷的话也收住了，关切地问她："很疼吗？""嗯，"小琴跟小谷说，"是啊。肚子又疼又胀，腰酸，特别难受。""那你赶紧回去好好休息吧。"

转天，小琴准时来到学校上课，小谷暗自佩服她的精神。课间的时候小谷去找小琴："你的那个姨妈，还疼吗？"

"好了，不疼了，"小琴笑了笑，"昨天回到家，妈妈帮我放了一个热水袋在肚子上，喝了很多热水，睡了一觉，今天就好了。"

看到好朋友不难受了，小谷也就放心了。

💜妈妈告诉我

小琴，在月经期间，很多女孩都会感到不同程度的下腹胀痛或腰部酸痛，这些都是正常的现象。

在月经期间，由于子宫内壁的肌肉会不断收缩，以便排出萎缩脱落的子宫内膜和经血，所以在行经的前两天，会出现腹痛、腰痛等现象。在经期的后期，伴随着子宫内充血的减轻，这些不适的症状就会自然缓解。

如果在月经期间感到腹痛的话，最便捷的方法是多喝热水或者姜糖水，也可以在小腹部放一个热水袋，躺在沙发或床上休息。

在月经期间不要做剧烈运动，但是轻微的运动可以有助于排出子宫内的充盈物，缓解疼痛。需要注意的是，寒冷、淋雨、洗凉水澡都会加剧腹痛，所以应该在经期尽量避免。

一般的经期腹痛等不适，不需要特别治疗，也不会影响到正常的学习和生活。但是有些女孩子在经期会出现下腹剧烈疼痛，并伴有头晕、出冷汗等症状，以致无法进行正常的学习和生活，那就是痛经了。

"特殊时期"可以游泳吗

学校的游泳馆建好了，大家都想在第一时间过去体验。"露露，下午我们一起去游泳馆吧。"媛媛和露露商量着。

"嗯……"露露正要答应，"不行，我的大姨妈来了。"

"我有办法，你可以戴上卫生栓，这样就没有问题了。"媛媛帮露露想出一个好主意。

"好，那我和你去看看吧。"看媛媛实在是太想去了，露露就打算陪她一起去。

来到学校新盖的游泳馆，真气派啊！游泳池里已经有很多同学了。媛媛换好了泳衣，跳下水游了起来。看着她舒展的动作，露露想：怪不得媛媛的身材那样好。据说游泳是减肥最有效的运动。

"露露，快下来啊。"媛媛兴冲冲地冲着露露喊。露露看着下面凉丝丝的水，心里不觉有点打怵。上次来事的时候，那种疼痛让她十分后怕。不行，不能下去。露露在上面冲着媛媛喊道："我不下去了，在上面等你。"露露和自己搏斗了半天，最后，理智告诉露露，还是不要沾凉水的好。回到家一定要问问妈妈，看看到底在这种"特殊时期"能不能游泳。

♥ 妈妈告诉我

露露，妈妈为你做出的判断感到高兴，你是个对自己负责的好孩子，对此妈妈很开心。在月经期间绝对不可以游泳，经期前后几天也不可以，最好是在经期结束三天之后再去游泳。

因为经期游泳很容易引起生殖系统的疾病，而且极容易导致月经失调。游泳池中的水都会使用消毒药，具有强烈的刺激性；而且游泳池是公共场所，存在着交叉感染的问题。有的女孩认为：只要戴上卫生栓就 OK 了，其实这种方法并不可取。经期从子宫流出的血本身就是病菌繁殖的培养基，而且月经期间子宫是开放的。卫生栓被水浸湿之后，病菌极容易透过棉层进入体内，造成生殖系统的感染。同时，游泳池中的水温一般都低于身体的温度，冷水会刺激腹部使其紧缩，带来不适。

月经期间不仅不要游泳，最好连凉水都不要沾。因为女孩在月经期间身体相对比较弱，再者经期使用凉水容易引起风湿。

当然，经期可以洗澡，但是不可以用凉水洗澡，也不可以用盆浴。因为在这个时候子宫口是张开的，容易受到污染，所以洗澡最好还是采用淋浴。经期阴部容易产生异味，尤其是在夏天，如果条件允许的话，最好每天都要洗个热水澡。

怎样选择卫生巾

今天，妈妈带着晗灵来到了超市，帮助她挑选卫生巾。超市两排货架上都摆满了各种品牌、各种类型的卫生巾，看得晗灵眼花缭乱。要不是有妈妈帮忙，晗灵肯定不清楚到底如何挑选和购买。"嘿嘿，如果是让我选，我就选包装最好看的。"晗灵说出了自己的看法。妈妈随手拿过来几包不同的卫生巾给她："你看，这几种卫生巾，它们有不同的特点，有带护翼的，有不带护翼的；有日用的，也有夜用的；有的是超薄型，有的是丝薄型。"

啊！原来看似很平常的卫生巾，居然有这么多的讲究呀。刚开始晗灵还觉得有点奇怪，听了妈妈的讲解之后晗灵才明白，月经在开始和快结束的时候，流血量是不一样的，所以要根据不同的情况来选择不同类型的卫生巾。

"晗灵，你看，这些卫生巾的外包装都写明了长度和厚度，这是为了方便挑选更适合自己的。"妈妈指着包装上面标注的规格标准给晗灵看。

就这样，妈妈一边给晗灵讲解，一边帮她挑选。"妈妈，我们一次性多买一些吧，这样就省得以后再买了。""不可以哦，"妈妈说，"卫生巾一定要用新鲜的。"

新鲜的卫生巾？晗灵觉得老妈真搞笑。

"卫生巾的卫生要求是非常严格的，离生产日期越近，质量就越有保证。一般的卫生巾是通过高温消毒的手段来达到无菌的，而一次性消毒灭菌的有效期是有限的，超过了期限就没有无菌的保障了。如果卫生巾贮藏的时间太久，即使不拆封也会变质、污染，所以不能一次性买太多。"

嗯，妈妈讲的是很实用的知识呢。

💜 妈妈告诉我

晗灵，相信你了解了不少关于如何选购卫生巾的知识。不过，妈妈还有一些想嘱咐你的话，你要看仔细了。

1. 对于药物卫生巾，应谨慎购买使用。

药物卫生巾可以对女性的私处起到保护的作用，防止妇科疾病的发生，但并不是对每个人都适合。因为每个人的体质差异很大，有些人的皮肤接触到某些物质容易发感染。

2. 卫生护垫不要经常使用。

月经期的前后几天，卫生护垫不失为一种方便、实用、清洁的选择，但有的人即使不在经期，也保持垫护垫的习惯，觉得这样比较干净卫生。其实这是一个误区，因为娇嫩的皮肤需要一个非常透气的环境，如果封闭得过于严实，使湿气聚集，就容易滋生病菌，造成各种

健康问题。

在使用卫生巾时，还有很重要的一点需要你注意：在月经期间，卫生巾一定要经常更换，因为经血中有丰富的营养物质，容易滋生大量的细菌。用过的卫生巾，千万不要丢到马桶里，而应把它包好放到垃圾箱里。

白带里为何会出现血丝

这天在洗澡的时候，瑶瑶很意外地发现内裤上的白带里有血丝。要知道瑶瑶这个人最忌讳看到血，出血了，总不是好现象吧。而且妈妈以前告诉过她，正常的白带是白色的稀糊状，看来，是有点儿不正常了。不行，瑶瑶决定赶快问问妈妈。

从浴室出来，瑶瑶走过去找妈妈："您以前跟我说的那个白带……好像有点问题，上面有血。"

妈妈听瑶瑶这么一说，很关切地问她："是经常有血，还是偶尔有？"

"我刚看见的，不多，所以才问您啊。"

"哦，那没事，"老妈不紧不慢地说，"不用担心，青春期女孩的白带里有少许血丝是正常现象。"

"为什么会有血丝呢？"瑶瑶百思不得其解地问道。

"呵呵，是这样的，"妈妈认认真真地讲给瑶瑶听，"在月经来潮时，我们女性会出现排卵期，而此后，我们体内的雌激素水平下降，这一变化会使子宫内膜有小片剥离，并引起出血。因此，会在白带中出现少量的血丝。这种情况是青春期女孩发育的正常现象。现在明白了吗?"

原来是这样啊,听了妈妈的讲解之后,瑶瑶放心了。

❤ 妈妈告诉我

瑶瑶,关于白带的问题,妈妈想和你仔细地讲一讲。

少女在经历了青春期之后,随着卵巢功能的完善,阴道内会有一种乳白色或透明状的液体流出来,量有时会比较多,有时会比较少,这种黏稠的液体就是白带,白带的主要作用是保护阴道黏膜湿润。

白带和月经一样,不是病态,而是女孩子都会有的一种正常的生理表现。判断白带是否正常,需要从量、色、质地、气味几个方面来观察。

正常的白带应该是乳白色或无色透明,略带腥味或无味。白带的分泌量、质地受到体内雌激素、孕激素水平高低的影响,排出的量随月经周期而时大时小,具有周期性的变化。

而白带中的血丝,分为生理性和病理性两种,而你的情况是属于"生理性"的,所以不用担心紧张。但是,如果你的白带很长时间持续异常,比如异味、含血量多等情况,那你要立刻告诉妈妈,以便及早就医。

好像情绪有点不稳定

依风最近两天脾气特别不好,自己都能把自己吓住。

早上起床有点晚了,手忙脚乱的,依风急急忙忙地洗脸刷牙,妈妈在旁边匆匆帮助她准备好了早餐。可是,豆浆实在是太烫了,依风根本就无法喝到嘴。也不知道从哪里冒出来一股火，她竟然怒气冲冲地对着妈妈喊了起来："都是你害的！我上学要迟到了！"话音刚落，就匆匆背上书包往学校赶去。

来到教室，谢天谢地，总算没有迟到。不过，同桌正在收拾东西，把他的书本都堆到了依风这里，看到这乱糟糟的样子，依风又忍不住发脾气了："弄得这么乱，拿走！全都拿走！"同桌看到她的情绪这样激烈，一个上午都没敢和她说话。其实依风自己也感到很奇怪，怎么最近脾气这么大呢？不仅伤害了最疼爱她的妈妈，还伤害了陪伴她成长的同学，实在是太不应该了。

❤ 妈妈告诉我

依风，我知道你这几天为什么情绪这样不稳定，估计你的"好朋友"快来了。不过，这也不是特别严重的问题，你不要过分担心，通过自己慢慢调适，以后会好的。曾经有心理学家研究发现，世界上有近一半的女性在月经期间会出现情绪上的变化。一般这种变化会出现在月经来潮的前两天，除了身体有不适应的症状之外，还会出现不同程度的情绪反常，如情绪低落、心烦意乱、好发脾气、注意力不集中等现象。

看你发脾气的样子，真是有点吓人呢。这次，妈妈原谅你，妈妈给你支几招，希望你能有效地控制这些症状，保持经期愉快：

1. 尽量减少刺激。在来潮之前应该有意识地避免一些不愉快事情的刺激，谨慎从事，不跟人争吵、斗嘴，少接近那些性格粗暴的人。

2. 学会自我控制。在生活中有时会碰到挫折，有时会遇到令人气恼的、不顺心的事，此时要学会自我控制，多做自我批评，多替别人着想，不要意气用事。在有了不良情绪时可以有意识地想些方法转移注意力，比如可以找好朋友聊聊天，宣泄一下，或者也可以看看电视、听听音乐，读一些幽默的作品，从而淡化不愉快的感情。

3.调节饮食习惯。这一段时间要注意不可以吃太咸的食物，因为过咸的食物会使体内的盐分和水分储量增多，从而造成在月经来潮之前发生头痛的症状。建议你多吃一些开胃助消化的食物，比如枣、面条、粥等。

我要祛痘，不要"满天星"

不知为什么，枫枫的脸上新长出来很多红色半透明的疙瘩，用手摸一摸，有点儿痛。如果只是痛的话枫枫也能忍，最烦人的是它让枫枫"破相"了，这些疙瘩密密地分布在枫枫的脸上，同学都笑她，说她是"满天星"。

实在是气愤！回到家，枫枫闷闷不乐地告诉了妈妈这一切，妈妈不但没有替她打抱不平，反而开心地笑了起来。原来这种疙瘩叫"青春痘"，貌似不是青春年少的人还长不出来呢。

♥妈妈告诉我

枫枫，青春痘是青春的象征，也是走过青春的痕迹，为什么要怨恨青春痘呢？你现在正处在长身体的时候，所以新陈代谢的速度很快，皮肤大多数都是油性的，很容易形成油脂包，而油脂包会堵塞毛孔，因此逐渐形成了青春痘。所以，对待青春痘，最好的方法就是要做好皮肤的清洁工作。

平时妈妈总是提醒你，洗脸一定要洗干净，洗仔细，不要像小花猫那样用手抹抹就算洗完了。否则，脸上会滞留很多的油脂和细菌，增加青春痘发生的可能。当脸上正遭遇着青春痘的时候，应该在每天早晨起床后和晚上临睡前，认真彻底地清洁面部皮肤。要注意的是，选择清爽型的洁面乳对皮肤有益，尽量不要使用含有油脂的洗面乳。

　　如果脸上的"痘况"实在是很不乐观的话，可以到药店买一些药膏涂抹在发炎的部位，这样可以使发炎的部位变干，然后用凉水清洗干净即可。坚持每天用药膏清洗发炎部位，能帮助你的皮肤更快地恢复正常。

怎样有效地预防青春痘

　　这两天枫枫的心情格外爽，为什么这样说呢？因为前段时间那个嘲笑她是"满天星"的女生，脸上也开始连绵不绝且以泛滥成灾的速度长痘了，那架势，绝不亚于凹凸不平的月球表面。

　　看到那个女孩一副可怜的样子，枫枫不禁动了恻隐之心。要知道，那是个很漂亮的女孩，她有高高的鼻梁，薄薄的嘴唇和白皙的皮肤。可能是由于皮肤太好的缘故吧，所以一颗颗的痘格外显眼。长了一脸痘的女孩，失去了往日的神气，不再像从前一样咋咋呼呼，可能是担心大家看到她的痘痘。

　　枫枫最近的状况还好，可能是从前每天晚上她都向妈妈抱怨的缘故，妈妈也因此更加注意她的饮食搭配、睡眠休息和卫生清洁方面，她的痘痘得到了很好的控制。枫枫真希望自己永远都不长痘。

♥ 妈妈告诉我

亲爱的枫枫，妈妈最近一直都很关注你的皮肤呢。首先想劝你的是，不要在心理上有压力，青春痘的出现是自然的生理现象，心地平和地接受现实，顺其自然就好了。这是每个花季少女都无法躲开的，到了20岁以后，往往就不治自愈了。如果你想预防和减少痘痘的发生，就要从日常的清洁、护理以及饮食上注意：

1. 如果你能保证每天用温水洗脸 1 ～ 2 次，洗掉脸上的油脂和灰尘，就会大大减少长青春痘的可能性。因为面部的清洗使毛囊口的排泄通畅，使脸部皮肤可以呼吸到新鲜的空气。

2. 青春期女孩的皮肤是最娇艳动人的，所以根本没有必要做任何修饰。尽量不要使用彩妆，在选择护肤品时也不要使用香脂类和油性的产品。

3. 不要自己动手挤破痘痘，以免发生感染，留下疤痕。

4. 饮食要尽量清淡一些，多吃水果、蔬菜，少吃油腻食物或甜食，你平时最喜欢吃甜的零食，你要注意克制啊。因为含油多和含糖高的食物会使皮脂腺皮脂增多。另外，不吃或少吃辛辣刺激性食物，减少对皮肤的刺激。

5. 养成按时排便的习惯，并保持大便通畅，及时排出体内毒素。

6. 为了防止感染，可以使用蘸有酒精的棉签涂抹长痘痘的地方，也可以涂抹少量的红霉素软膏；如果痘痘数量较多或伴有局部红肿和炎症的话，要及时去皮肤科治疗，千万不要自己随便处理，否则很可能弄巧成拙。

7. 养成良好的卫生习惯。个人的卫生、生活习惯，决定了青春痘在脸上停留的时间，因为青春痘形成的一个重要原因是新陈代谢混乱。所以你要努力做到早起早睡，生活规律，保证充分睡眠。

8. 夏天的时候要做好防晒措施。因为阳光中的紫外线，一旦经过青春痘的伤口穿透表皮层，就会在伤口部位形成黑色斑点。

9. 愉快的心情是治愈青春痘的良方。不要以为天下只有你长了青春痘，要正确地对待它，别让它干扰你的生活，这是最重要的。枫枫，如果以上这些你都能做到的话，青春痘会自然而然地远离你。

雀斑能治好吗

青春期不仅是"战痘的年代"，还会有其他的状况出现。最近莎莎出了新的状况——脸上长出了一些小黑点，那形状就像是一粒一粒的小芝麻。几天之后，脸上又多了两个小黑点。如果以这样的速度发展下去，用不了多长时间，莎莎的脸就会成为地道的"芝麻饼"。

"Hi，莎莎，看到你的脸，我口水都流下来了，真想吃一口。"莎莎仿佛又听到了同学的嘲笑。

那天晚上，莎莎做了个噩梦，梦到自己脸上的小黑点越来越多，直到整个的脸都变成了黑色。早上醒来，莎莎还记得前一天夜里的梦，起身小心翼翼地照照镜子，还和以前一个样子。莎莎不禁倒吸了一口凉气，梦里的样子实在是太可怕了。

莎莎赖在床上："长得丑不是你的错，出来吓人可就不对了。"老师和同学会不会在背后笑话自己呢？正当莎莎在犹豫要不要去上学时，妈妈走了过来："莎莎，这都几点了，你怎么还不起床，上学快要迟到了。"莎莎可怜巴巴地望着妈妈："我不想去上学了，你看我的脸上长满了小黑点。"

妈妈凑过来看了看莎莎的脸,说道:"是比前段时间多了不少。但是不能因为这点小事不上学啊。"莎莎还是赖在床上,一声不吭。

妈妈又安慰莎莎说:"以前我的脸上也长过雀斑,后来,你姥姥教给我一种民间偏方,一用就好。等晚上你放学回来,我告诉你。"莎莎听后眼睛一亮:"真的有吗?那妈妈现在就告诉我吧。"妈妈故意卖了个关子:"听话,先去上学,要不然的话我就不告诉你了。""嗯嗯。"莎莎听了之后,高兴地起床了。

妈妈告诉我

莎莎,你不用担心。你脸上长的那种像芝麻一样的小黑点,叫作雀斑。

雀斑是一种很常见的皮肤病,它是由于皮肤的色素沉着而形成的,对身体健康没有任何影响,但有可能会影响到容貌。雀斑从儿童时期就会出现,到青春期的时候会明显增多。所以不仅仅是你,相信你班上有很多女孩也和你一样遭受着雀斑的困扰。

造成雀斑的原因主要有以下两种:一种是遗传因素,如果父母就有雀斑,那很可能下一代也会有雀斑。妈妈小的时候就长雀斑,所以你现在也长雀斑。有的时候,即便是父母没有雀斑,而爷爷奶奶外祖父母有雀斑的话,也会隔代影响到你们这一代。另一种是有的女孩皮肤对阳光很敏感。

妈妈在年轻的时候也有雀斑,当时你姥姥教给了我一些有效的民间偏方,我现在还记得,你也可以试一试:

方法一:养成喝柠檬水的习惯。因为柠檬中含有大量的维生素 C、钙、磷、铁等，不仅可以美白肌肤，还可以起到祛斑的效果。

方法二：每天晚上洗完脸之后，在脸上敷一些黄瓜汁或柠檬汁40～50分钟，然后用清水冲掉，再涂上护肤霜。连续涂抹20天，可以起到很好的祛斑效果。

方法三：用干净的茄子皮敷脸，过一段时间后，脸上的小斑点就不会那么明显了。

试一下妈妈告诉你的"独门秘籍"吧，相信你很快就可以战胜雀斑了。

我是不是"小猿人"

看了《十万个为什么》，妮妮才知道人类的进化需要漫长的时间，人类的祖先，和类人猿长得很像呢。其实，妮妮的身体也长有很多的毛毛，除了"小胡子"之外，身上也长有汗毛，而腋下和阴部这些地方长的毛则又黑又长。

人类还没有进化好吗？可能百万年之后的人就不会长体毛了吧。妮妮最羡慕的是班上的小白，她就没有这么多的毛毛，还得意地抬起胳膊向大家炫耀："你们看，我从来都不会长那些黑乎乎的毛，多难看啊。"妮妮想，小白可能就是猿人进化得比较彻底的那一类吧。"我不认同，"有同学否认妮妮的想法，"小白一点儿都不聪明，学习成绩也不好，怎么可以说是进化得彻底呢？"

看来，衡量进化是否彻底的标准是有分歧的：是以长毛的多少来衡量，还是以智商高低为衡量的标准？回到家，妮妮把白天讨论的问题跟妈妈讲了，妈妈听了之后笑得前仰后合："我的孩子啊，你们怎么会想出这么奇怪的问题啊？""人家不懂啊，所以才问你嘛。"妮妮撅着嘴，对妈妈的反应表示抗议。

妈妈接下来耐心地对妮妮讲道："女孩在进入青春期之后就开始长体毛，首先在外阴处长出'阴毛'，这是女孩们进入青春期之后最先发生的变化。所以，你不是什么小猿人，这是每个女生都会有的正常现象。"

"嗯，原来是这样啊，"妮妮继续问妈妈，"不过这些毛毛有点……不雅观啊。"

妈妈温和地摸摸妮妮的头，对她说："当女孩的生殖器官逐渐发育成熟时，外生殖器附近开始长出阴毛。有的少女会和你现在的反应一样，对阴毛产生厌恶的心理。其实，每一个人都有，这有什么可感到害羞的呢？在欧洲，有人把阴毛这个部位称为'维纳斯丘'，听起来还很美妙呢。"

听完妈妈的讲述，妮妮豁然开朗起来。原来，身上长的毛和进化没什么关系啊！

妈妈告诉我

妮妮，我猜你会认为"阴毛没有什么用"，实际上你不知道，阴毛是为了保护我们的身体才长出来的，它能够吸收这些部位分泌出来的汗和黏液，所以有利于身体的健康。

在古代，民间流传着这样的说法，老人们都把不长阴毛的女人称为"白虎"，把不长阴毛的男子称为"青龙"，认为这是不祥之兆。这个迷信的说法也从侧面反映出不长阴毛的人是多么少见。

像你们这个时候所长出来的那些毛毛，相对于成人来说，较细且短，也比较少。

人类的种族、气候、地域、性别、营养以及情绪等，都会影响毛发的生长。即使是同一个种族的人，毛发的生长也有早晚、快慢、多少、粗细、长短以及颜色深浅的区别，这些都属于正常的现象。

我要减肥，努力减肥

经过了一个寒假回到学校后，很多同学都说冰冰胖了不少。"冰冰，小脸有肉了。"居然连老师看到冰冰都这样说，弄得冰冰有点儿不好意思了。女孩的身材很重要，谁不希望自己能瘦一点儿呢？冰冰很羡慕那些长得瘦的孩子，她们都显得很精致。冰冰也很怨自己，谁叫自己在家里吃了这么多东西，怎么会不发胖呢？

不行，冰冰要给自己安排一个"减肥计划"。冰冰拒绝吃各式快餐，而且以素食为主，鱼肉之类坚决不碰。不仅如此，米饭也尽量少吃，因为稻米属于"淀粉类"的食物，吃多了也会发胖。所以，要想成功减肥，就要管住自己的嘴。

妈妈似乎看出来冰冰有点不好好吃东西，除了吃饭的时候叨叨两句之外，这几天把饭菜做得色香味俱全，昨天是"叉烧鸡腿"，今天是"蟹棒炒虾仁"，总之，拿出十八般武艺，希望能勾起冰冰的食欲。

看到老妈做出的菜看，冰冰口水都要流出来了，恨不得把一整盘菜端过来大吃一气，可是，自己已经下定决心要减肥了，在苗条和美食之间，一定要舍弃一个。

"无论多么好吃的菜，都诱惑不了我。冰冰，千万不能吃，吃了你总是那么胖。"冰冰在和自己作心理斗争，还好，她抗住了，没有动筷子夹一口尝尝。"来，冰冰，就吃一口，你一定会喜欢妈妈做的菜。"

妈妈给了冰冰温柔的一刀。"不行，一口也不吃，不想吃。"面对如此考验，冰冰要保持住自己的气节。

冰冰拿起筷子，只吃桌上的那一盘"素炒笋片"，希望自己能保持吃素的习惯。"冰冰，最近一段时间，看你总是不好好吃饭，是怎么回事啊？"妈妈直截了当地问她，"是不是想减肥啊？"听到妈妈胸有成竹地问话，冰冰点点头承认了。

"俗话说，一口不能吃成胖子，一下子也不可能吃成瘦子啊。你现在正处于青春期的发育阶段，身材稍稍胖一点儿没有什么不好。可能你认为，你的体重和你每天吃多少有直接关系，如果你超重或肥胖，一定与你长期过量饮食有关。所以你就觉得如果以后吃得少了，就可以减肥了，对吧？"

"是啊，我就是这样想的，"老妈真是神算啊，"胖了一点儿都不好看。"

"其实你这样想是错的，这是一个误区。事实上，如果你吃得很少，体重当然会减轻，但减得更多的是肌肉，而不是脂肪。我们的身体非常聪明，它会在食物充足的时候贮藏能量，在你饿的时候节约能量。当你在绝食或者减少饮食的时候，身体会以为饥荒来了，它就会尽可能地节约能量，把你的新陈代谢水平降下来。而肌肉往往被首先划分出来供给能量。这时，你会觉得不想动，总想休息，无精打采。"妈妈很专业地帮冰冰分析了一下节食减肥的不可行性。

"如果用这样的方法减肥，我敢断定你不会坚持太久，因为强烈的饥饿感和食欲会逐渐超过你最开始减肥的决心。到了那一刻，你又会开始原来的饮食习惯，继续大吃大喝，你的体重也会迅速增加，甚至超过你原来的重量。"

听了老妈的一番分析，冰冰恍然大悟，觉得妈妈所说的一席话，胜过她少吃 10 顿饭！

💜妈妈告诉我

冰冰，青春期是人体生长发育最旺盛的时期，身体需要充足而均衡的营养，而节食势必造成营养缺乏，从而给身体造成极大的危害。

首先，节食会使人体的各种维生素摄入不足，谷类中含有丰富的维生素 B_2，如果不足会出现口角炎等病症；而蔬菜中则含有大量的维生素 C，缺乏时会造成坏血病症；维生素 D 缺乏则可引起骨代谢异常，身体长不高，甚至骨骼变形；维生素 A 缺乏则会出现夜盲症。

其次，节食会引起蛋白质摄入不足，女孩的青春期发育一般比男孩子早，同时伴有明显的内分泌变化。蛋白质不足的后果最为严重，会造成营养失衡，从而使发育缓慢、消瘦，抵抗力下降，智力发育也会受到一定的影响，严重者还会出现营养不良性水肿。

最后，节食还会导致人体所需的热量不足，处于青春期的女孩机体代谢旺盛，活动量大，机体对营养的需要相对增多，每日所需的热量一般不少于 12552 千焦，如果达不到这一要求，就会对生长发育产生影响，青春期的热量比成年期高 25% ~ 50%。

青春期厌食症会导致人的体重下降、消瘦、营养不良、闭经等。要改善营养状况，就要吃东西，少量多餐，逐步增加消化能力。不能完全由饮食补充时，需静脉补充，当体重比原来下降 35% ~ 40%，或在 3 个月内体重下降 25% ~ 30% 时，就会出现心律不齐或贫血，在消化能力逐渐好转的情况下，可用药物刺激食欲。

总之，处于青春期的女孩正是长身体、长知识的重要阶段，这一阶段的体质将影响到一生的健康。所以，单纯为追求外表美而不科学地节食是不可取的。所以，妈妈劝你要慎重地考虑节食这件事。

神秘的处女膜

"安青，你有没有发现，电视里有些情节我们看不懂？"梅子神秘地问她。

"啊！"安青觉得梅子这话问得有点儿奇怪，"梅子，难道你看电视都看不懂吗？这智商……"

"不是，我讲给你听。那个故事是这样的，一个女的和一个男的，他们结婚之后的转天早晨，床单上什么痕迹都没有，然后那个男的就很生气。你说，这是为什么呢？"梅子把在电视上看到的情节原原本本地给安青讲述了一遍。

听了梅子这么一说，安青也是一头雾水："梅子，这个我也不知道。"

"啧——"梅子冲着安青扮了个鬼脸，"居然说我智商低，你也不知道吧。"面对梅子的得理不饶人，安青也只好装深沉。不过，这个问题也勾起了安青的好奇心，究竟是什么原因呢？

♥ 妈妈告诉我

安青，如果你想解开上面的疑团，只需要找到一把钥匙，而这把钥匙，就是女人特别珍惜、男人也极其看重的——女性的处女膜。

处女膜属于女性生殖器官的一部分，在胎儿 3～4 个月的时候开始出现，并在以后的日子里逐渐发育。处女膜是女性位于阴道口与阴道前庭的分界处，环绕阴道口的一层薄膜状组织。处女膜中间通常会有一个小孔，当女孩子月经初潮到来以后，经血便顺着这个小孔流出体外。

这可不是一个简简单单的薄膜，它对女性的身体健康起着重要的保护作用。女孩子在进入青春期之前，生殖器官发育并不完善，阴道的黏膜较薄弱、酸度也较低，很多有害物质很容易侵入体内，而这时候的处女膜虽然还比较小，但是很厚，这就能有效地阻止细菌侵入，对女性生殖器起到很好的保护作用。

当然，当女孩子进入青春期后，生殖器官逐渐发育完善，阴道已经具有抵抗细菌侵入的作用了，而这时候的处女膜也变得大而薄，保护作用也就不明显了。

回到最初我们的疑问，床单上的血是从哪里来的呢？大多数情况下，这是女性在第一次性行为之后处女膜破裂所导致的。长期以来，女性处女膜的完整性通常被认为是女性婚前贞节的证明，如果新婚后的床单上有血渍，则说明女性在新婚前是处女，因为处女膜破裂时会有血渍流出。

那么，仅仅用床单上是否有血来验证女性是否为处女是否科学呢？这对女性是否公平呢？

其实，这种验证方法是不科学的。因为每个人的处女膜都是不相同的，有些人的处女膜较厚且弹性很好，在第一次进行性行为时处女膜可能不会破。也有的人很特殊，根本没有形成处女膜，当然，这样的人比较少见。所以，将新婚之夜床单上是否见血作为判断女性是否为处女是不科学的。

平时大家也要格外注意，生活中有很多因素都可能导致女性处女

27

膜破裂。很多人都知道，女性在第一次性行为的时候通常会使处女膜破裂而出血，但是在很多意外情况下，处女膜也有可能会破裂。例如，女性在参加很多剧烈的体育运动——跳高、骑马、武术等时可能会导致处女膜破裂，或者使用内置式棉条不当，或者从事繁重的体力劳动等，都有可能导致处女膜的意外破裂。

怎样可以帮助我长高

今天的体育课上，同学们组织了一场小型的篮球比赛。

在这场比赛中，成绩最好的要算是蒜瓣了。也难怪她的成绩好，她长得很高，平时又热爱运动，所以只要轮到她投篮，十有八九会投进。而且，蒜瓣投篮的姿势可帅了，引来好多小女生在旁边为她呐喊："蒜瓣，加油！蒜瓣，加油！"

"不公平哦，人家全靠长得高嘛。"媛媛一脸的不服气。确实如此，身高当然是优势，不仅可以使女孩子看起来亭亭玉立，还可以在篮球比赛上获得优势。

冬冬的海拔低得可怜，所以和媛媛一起哀叹起来。不过，看到蒜瓣的英姿飒爽，居然希望自己也可以长得很高。冬冬觉得很奇怪，要说自己的爸爸妈妈都长得很高啊，为什么自己却长得这样矮呢？

♥妈妈告诉我

冬冬，在人的一生中，只有两个快速生长时期，第一个是在婴儿期，第二个是在青春期。青春期的女孩一般从 9～11 岁开始，身高每年增加 6～8 厘米，甚至有的可以每年增加 10～12 厘米，是人生中重要的生长高峰。过了青春期，身体各方面基本发育成熟，骨骼完全钙化，身高也就停止增长，到那个时候要是再想增高就比较困难了，所以，如果你想让自己变得更高，一定要好好把握这几年。

人体的长高，是全身性的增长，但是最突出的是四肢的增长。而组织学家认为，人体的长高关键在于长骨的增长。长骨的两端骨骺和骨骺板与身高的发展关系极为密切。

软骨的骨化不断地在骨骺和骨骼板内进行。骨骼内的骨化不断地向干骺方向延展，从而使骨长轴增长，人也就长高了。而一旦骨骺的骨化完成以后，骨骺板与骨骺同骨干就会完全融合，自此以后，人就不可能再长高了。

10～16岁是女孩的黄金发育期，16～25岁是长高的关键冲刺阶段。这时的女孩明显长高，对钙离子的需要量也特别多，每多吸收3万毫克的钙离子，身高便可多长1厘米。所以，你需要特别注意饮食，只要坚持科学的饮食方法，一定有助于你长高：

首先，应该多吃蛋白质，尤其是含有氨基酸的食物，比如：面粉、小麦胚芽、豆类、海藻、牛奶、乳酪及深色蔬菜等。另外，像糯米、甜点这些食品则应该尽量不吃。可乐与果汁也应该少喝为妙，因为过多的糖分会阻碍钙质的吸收，吃多了不利于骨骼的发育。盐也是增高的大敌，所以要养成少吃盐的习惯。

我可以用化妆品吗

慧慧那天去参加一个同学的 Party，发现所有的女孩们都打扮得非常漂亮，木木涂了鲜艳的炫彩口红，花花涂上了肉粉色的指甲油。

最夸张的是葱头，她居然抹上了紫色的眼影，穿着艳丽的裙子，好像这里真的变成了交谊舞会。再看看素面朝天的自己，像是埋没的灰姑娘一样，没有丝毫光彩，慧慧的心情不禁有些黯然。

回到家，慧慧还在想着 Party 上一个个靓丽的倩影，不知自己化妆之后的效果怎样，真想试一试。

慧慧有一个端庄又高贵的妈妈，她的镜台前摆了很多优质的化妆品，嘻嘻，慧慧想应该可以偷偷用一下吧。于是，慧慧一个人坐在妈妈的镜台前，像个小大人一样独自打扮起来，一边忙活，一边在心里抱怨：真是的，妈妈有这么多好看的化妆品，为什么从来都不分给自己的女儿用呢?

正在自我陶醉的时候，慧慧听见有人开门的声音。不好! 妈妈回来了。慧慧想赶快躲到卫生间去洗掉，但是已经来不及了，还是被妈妈发现了。"慧慧，你在做什么?" 妈妈叫道，"这些东西你是不可以用的。"

慧慧心里感觉很委屈，忍不住要和妈妈辩论："为什么妈妈可以用，我就不可以用?"

"妈妈是大人，所以可以用。你还小，没有必要化妆。"

"为什么大人可以化妆，小孩就不可以化妆呢?" 慧慧还是不依不饶。

妈妈无奈地看看慧慧，说道："你现在的年纪是皮肤最好的时候，如果遮盖住了多可惜啊。"慧慧不信，凑过去仔细看了看妈妈的脸，原来真的是这样。妈妈的脸色偏黄，皮肤有轻微的褶，眼睛旁边有很多细碎的纹路。忽然间，她觉得妈妈一下子沧桑了很多。

❤ 妈妈告诉我

慧慧，妈妈有的时候也很羡慕你呢。你是这样的年轻，有朝气，多好啊！当然，爱美之心，人皆有之，你对化妆的渴望，妈妈很理解。但是，我相信你并不了解化妆的意义吧。

为什么世上自古以来都是女人在化妆，却很少有男人化妆，原因是什么？你是否思考过呢？因为相比而言，男人的气血充足，所以不需要化妆，脸色也一样是红润润的。

女人则不是，女人和男人生理结构的不同造成女人的气血不像男人那般充足，所以女人更容易憔悴变老，成年女子如果不经过化妆的话，脸色就会比较难看，所以女人化妆是合情合理的。通过化妆，女人可以把美好的一面展示给别人，让人看了感觉很舒服，这也是礼仪的一种恰当表示。

而你现在正值花季，是一生中最美丽的时候，有什么美能抵得过自然之美呢？少女的肤色柔和、自然，时时体现着健康之美。多少人都羡慕青春的面庞，你怎么会想把这样的年轻藏在脂粉里面呢？如果化妆是出于流行，出于从众的心理，那就没有任何意义了。

一般来讲，18岁以后的女孩就可以用化妆品了，20岁以后最适合用面膜。而你现在的皮肤正处在自我调节能力的最佳状态，如果用太多的化妆品会使成年以后的皮肤变得更差。所以，青春期的女孩只要用一些温和的宝宝霜就好了。

此外，所有的化妆品都是由化学物质组成的，对人体健康或多或少都有些影响。比如说口红的质量参差不齐，有的口红中甚至含有有毒物质，如果随饮食进入体内，久而久之会造成不小的危害。至于涂指甲油，一样也会对健康产生不小的影响。当指甲油覆盖在指甲上面，会阻断指甲的"呼吸"。并且在洗掉指甲油的同时还会带走指甲的天然保护层，使指甲变得脆弱、易折断、失去天然的光泽。

所以，慧慧，你要明白，并不是妈妈不愿意给你买化妆品，而是不愿意伤害你的天然美，你能够理解妈妈的一番好意吗?

为什么身上会有体味

"倩倩，以后你一定每天都洗袜子，还有，明天一定要换一双鞋子。"妈妈对倩倩说道。

"哼!"倩倩很不服气，可是没有办法，谁叫自己的脚总是那么臭呢? 妈妈说倩倩是"汗脚"，就是这个脚特别爱出汗，而且闷在鞋子里一天，会有一种奇臭无比的味道。回到家，只要倩倩把鞋脱掉，立即就会"殃及四方"。倩倩记得自己小的时候，脚上没有这么大的味道。哎，可是现在身上总是带着一股臭味，尤其是个女孩子，多难为情啊!

想到这里，倩倩感到很沮丧。妈妈告诉倩倩说，最好的方法是每天都洗脚换袜子，而且帮倩倩挑选鞋子的时候都买那种透气性比较好的，这样可以起到一定的缓解作用。哎! 倩倩总是在幻想，自己的那一双臭脚，什么时候能够不臭呢?

♥ 妈妈告诉我

倩倩，妈妈很想对你说，体味的问题确实是青春期的烦恼之一。

这个时候，当身体大部分都在"突飞猛进"地变化时，受激素分泌增多和新陈代谢旺盛的影响，汗腺也会变得异常活跃，所以青春期的男孩女孩都很容易出现比较严重的体味。尤其是身上汗腺分布较多的地方，如腋下、手心、脚心等地方，如果参加体育活动或赶上天气炎热的季节，就会流很多的汗。当大量的汗液聚集在这些地方时间久了，就会散发出不好的气味。而女孩子在月经期间，如果不太注意个人卫生的话，也很容易散发不好的气味，不仅会使旁边的人感到很不舒服，自己也会感觉不好意思。要想改善这些状况，首先是要勤擦身、勤洗澡、勤换衣服；如果仍然觉得身上有味道的话，可以用一些清新淡雅的身体芳香剂使自己变得芬芳起来。

不过在使用这些东西之前，一定要保证自己身上是没有异味的，如果身体本身的异味很大，再与这些芳香剂混合在一起，恐怕这种味道会更让人难以忍受。

不过，妈妈想提醒你的是，千万不要把芳香剂这类化学制剂喷洒在阴部，因为这样很容易引起阴部敏感皮肤的过敏。

做到了以上这些，相信身上的体味就不会影响到别人，也不会使自己尴尬了。

第二章

不可忽视的青春期心理变化

日记被父母偷看怎么办

　　"妈妈，这几天我回家会比较晚哦！"陈果和妈妈提前打了招呼，就去学校了。陈果想要做什么呢？原来，她已经和死党约好，这几天每天晚上都要去学校的广场练习跳肚皮舞。

　　陈果担心妈妈反对她学肚皮舞，所以就偷偷地进行。

　　"果果，你为什么每天都这么晚回来呢？""我晚上和囡囡在一起。""你们都干什么了？"妈妈穷追不舍地问道。"在学校的操场，我们在练习长跑。"陈果编了一个谎话，企图瞒天过海。

　　一天，陈果回家之后妈妈脸色很难看地说道："果果，你今天晚上去做什么了？""去操场长跑了。""你不要骗我，你们根本就没有在操场，我刚刚从操场回来。说吧，你去做什么了？"

　　眼看纸里包不住火，陈果怒气冲冲地问妈妈："为什么我做什么都要告诉你呢？我又不是三岁小孩。""你去跳舞妈妈又不会反对，为什么要对妈妈撒谎？"看着妈妈手里拿着自己的日记本，陈果哇的一声哭了出来。

♥ 妈妈告诉我

有人说，如果你想要知道什么是提心吊胆的滋味，就养一个女儿吧。我们总是习惯将女孩子看得很娇弱，因为事实证明，女孩子比较容易上当受骗。陈果，你晚上不按时回家，妈妈比较担心，但你已经长大了，又不好问来问去，只有通过看日记的极端方式来解决了。

其实妈妈也有错，如果平时对你无话不谈，你也不会对妈妈隐瞒什么。妈妈知道看别人的日记是不对的，妈妈向你道歉，请你原谅妈妈。

为了不让这样的事情再次发生，我们约定，以后以诚相待。偷看你的日记，这是头一次，你要相信妈妈的本意并不是伤害你，理解妈妈对你的期望，妈妈是害怕你有什么闪失，否则的话，我又为何要提心吊胆地去看你的日记呢？

我们常说一个巴掌拍不响，其实你的做法也很不妥，是吧。你有什么事情不主动跟父母谈，这样也不对啊。无论什么时候都要记住，女儿对妈妈是可以毫无保留的。

父母太忙，我们无话可说怎么办

悦悦的爸爸和单位里的叔叔们一起出差了，要好多天才能回来，而妈妈这几天又碰巧要加班，每天很晚才能回家。

以往晚上回到家，迎接悦悦的必定是一桌丰盛的晚餐，还有妈妈细致的关怀："悦悦不要偏食，多吃一点儿蔬菜。"但是现在每天回到家，迎接她的是那些放冷了需要在微波炉里面加温的饭菜，还有那张毫无色彩的便条，上面写着加班、聚会之类的话。

"为什么他们会那么忙？在他们的心目中事业比我还要重要吗？"这样一想，悦悦的心里就凉了半截，觉得自己像是一只流落在黑暗角落里的小猫。

晚上快十点钟，妈妈才回来，看到悦悦还没有睡，她轻描淡写地问了一句："这么晚了，怎么还不睡觉，明天你还要上学呢。""嗯。"悦悦轻声应了一下，看到妈妈疲惫的身影，不知道说些什么好。也许妈妈确实是累了，她不声不响地草草收拾了一下，对悦悦说："你不要学到太晚，妈妈先去睡觉了。"哎！悦悦多希望妈妈能过来和她聊聊天，或者多问问她最近的情况。想到自己的好朋友和妈妈的关系都跟亲姐妹似的，只有自己和妈妈越来越陌生，悦悦就感到很难过。"我觉得自己的家里已经很久没有听到欢笑声了……"悦悦拿起笔，记下了自己此刻的心情。

♥ 妈妈告诉我

悦悦，有一天，妈妈在下班回家的路上看到一对母女有说有笑地从身边经过，才发现我们已经好久没有谈心了。最近妈妈工作太忙，爸爸又不在家，所以把你撂在了一边，你一定很不习惯吧。可能你有一点儿怨恨，我很理解你的心情，平时学习紧张、忙忙碌碌，爸爸妈妈都不在身边，不能及时给你更多的关心和照料，可能你会觉得我们之间产生了隔阂，这都是很自然的事。

其实，在一个家庭中，与家人关系疏远的原因主要是缺乏交流，彼此之间不了解，自然无话可说。妈妈是多么希望你能够敞开心扉，把心里的故事讲给妈妈听，可是看你总是很沉闷的样子，真不知道你心里在想些什么。

　　妈妈还是希望你能和我多交谈，希望你能主动地向我们介绍你的生活状况。你每天在学校都遇到了什么好玩的事情，周围的环境发生了什么变化，只要你留心观察，每天都会有新发现。把你每天的所思所想记录下来，讲给妈妈听，这不是很有意思吗？

　　或者等到妈妈休息的时候，妈妈和你一起去学校里面走一走，看看你学习的环境如何。以后再听你说到学校里那些好玩的事情，肯定感觉更不一样了。

　　不过，妈妈想给你提个小建议：回家的时候你可否对我笑一笑？我太需要你的笑容了，如果你整天都把自己闷在小屋里，对妈妈很冷淡，让妈妈以为你很忙，那妈妈也不好打扰你。

　　有的时候可能妈妈工作太多，没有更多的时间陪你。但是我还是希望你能够回到家里来向妈妈多少讲一点儿学校里的故事，哪怕只有一件事情。因为如果人与人长期不交流的话，即便是想说也不知道应该从何说起了。长此以往，只会造成恶性循环，所以要强迫自己开口。

同学总是嘲笑我怎么办

　　梦舒是一个看上去还算可人的小女孩，她最大的苦恼就是——她的成绩不好，每次考试都是全班倒数第一名。每当总结考试的时候，老师就会说："梦舒，希望你以后能够取得进步，不用太多，只要前进一个名次，对你而言就是一个纪录。"

　　课间休息的时候，总会有几个调皮捣蛋的小男生小女生过来起哄："梦舒，这次又是你考倒数第一，你的底盘够重的啊，我们想挪都挪不动。"同学们听到了这些都忍不住笑出声音来，可怜的梦舒成了大家的笑柄。

这个班里，似乎没有梦舒的话，同学中间会少很多"欢乐"。只是这一点儿都不好玩。不过梦舒很老实，面对大家的奚落，她从来都不还击，有时只是走过去，笑一笑，看上去确实过于柔弱。

难道学习成绩差的孩子就理应遭受这种待遇吗？梦舒有的时候也在这样想，觉得实在是不公平、不合理。那天，几个淘气的女孩居然把她的文具盒和书包，从教学楼的窗户扔到楼下去了，而梦舒居然什么都不说，只是默默地跑到楼下把东西捡了回来。梦舒和其他的同学在一起玩，因为她知道他们肯定会嘲笑她。而且在课间的时候即便没有什么事情做，梦舒也不敢写作业，因为如果她在学习，肯定会有同学过来奚落她。所以，她只好在课间的时候一个人闭目养神。

那天梦舒请同学们吃饭，可能是为了请求他们不要再欺负她了吧，那些同学毫不客气地接受了她的邀请，却还是一如既往地欺负她。梦舒觉得自己很孤独，很难过，因为在班上没有一个好朋友和她玩……

♥ 妈妈告诉我

梦舒，其实每个人都有各自的优点和缺点，也许是因为你觉得自己的成绩差，所以理所应当接受别人的嘲笑，这其实是错误的认识。

人最重要的是不能看不起自己，更不能自卑，要先找到自己的优点，并且正确对待自己的缺点。成绩对于学生来说固然重要，但也不是说成绩就可以说明一切，比如一个人的品德、能力、素质等，是不能单凭成绩衡量的。像班上那些欺负你的同学，成绩虽然比较好，但是能说他们是品德高尚的人吗？他们将来会成为社会上有能力的人吗？

当周围的人都比自己强的时候，出于自尊心可能会感受到有压力，觉得别人都很厉害，觉得自己很孤独，好像是被抛弃了，其实大可不必这样想，因为每个人都有无限的潜力，只要通过自己的努力，成绩一定会有所提高。以前妈妈的班上就有一个女同学，起初她的学习成绩特别不好，但她的上进心很强，她放弃了很多玩耍的时间，每天在家里暗自努力，最后考上了重点学校。所以首先要对自己有信心，然后付出努力，就会使人对你刮目相看。

另外，人生中会遇到各种挫折，当遇到困难的时候，如果用逃避来解决问题，一定是最愚蠢的做法。最重要的是不可以自暴自弃，也不要轻易否定自己，比如你的那些同学，他们素质真的是特别低，又爱嘲笑人又爱欺负人，这样的人也不值得去交往，所以不要因为他们而对生活失去信心，在我们周围还是有很多人关心着我们的。

老师侵犯了我的隐私权，怎么办

雨婷平时喜欢上网，而且特别喜欢去论坛网站灌水。其实论坛是个藏龙卧虎的地方，有很多"高人"在论坛上发表自己的言论，所以，一有时间雨婷就会在论坛里泡着。

后来一次偶然的机会，她在论坛上看到了一篇关于古龙小说人物大串烧的帖子，那个帖子写得特别精彩，可以看得出作者对古龙的小说有着很精深的研究，巧的是，雨婷也是个古龙小说迷，心想如果可以和这位朋友多多交流，那多有趣啊。

后来，雨婷在网上认识了这位朋友，而且他给雨婷讲了很多关于古龙以及小说中的故事。后来，这位朋友出国了，虽然两个人可以通过网络联系，但是那位朋友说写信是更好的方式，因为这样的话雨婷可以得到一些外国的邮票。于是，雨婷就把学校的通信地址留给了他，而且一直期待着他的来信。

那天下午，课间的时候，有个同学过来告诉她说："雨婷，老师找你，快去办公室吧。"

嗯？难道自己犯了什么错误吗？雨婷心里边琢磨着就来到办公室，只见老师手里拿着一封信，对她说："雨婷，这是你的一封信。老师想提醒你，现在还在求学阶段，其他与学习不相关的事情最好不要去涉及。"

那封雨婷盼了很长时间的带有外国邮票的信，居然在老师的手里！

雨婷定睛一看才发现，老师居然把她的信拆开了，怎么可以私自拆别人的信件呢？雨婷不禁火冒三丈，可是面对老师又觉得不好发作，只好对老师说："那是我认识的一个笔友，经常通信讨论古龙的小说。"

老师似乎也没有抓到雨婷什么小尾巴，而且雨婷也根本没有做什么不好的事情，只好说："嗯，以后多注意专心学习，和学习无关的事情最好少做，现在本来功课就很紧张，你的成绩还有很大的提升空间。"

雨婷无奈地说"是"，但心里很生气，老师居然这样就把自己私自拆信的行为掩饰过去了！

♥ 妈妈告诉我

雨婷，妈妈想和你说的是，这件事确实不怨你，不过妈妈希望你还能和从前一样尊敬自己的老师，好吗？作为一名老师，私自拆学生的信件，虽然是个别现象，但是确实存在，而且这种事情更容易发生在班主任或政教老师的身上。应该说，这种行为是违法的、不道德的。但是究其原因，这样做大多是出于无奈，无奈的背后也是对你的关心。因为青少年正处于与同学、同龄人之间发生横向联系的年龄，由纵向年龄到横向年龄的发展是人生中心理发展的正常阶段，也是人长大走向成熟的必经之路。老师们也是了解到了这个特点，所以才会为你们而担心。像你们现在这个年龄的青少年思想活跃，很想独立处理一些问题，但又不免有天真幼稚的一面。横向交友是必要的，但有时把握不好分寸，会出现一些不正常的倾向，比如和社会上不三不四的人或外校不太好的学生建立联系，甚至形成团伙，或者是在校外交了异性朋友，经常有书信往来，耽误了学习等。老师们怕同学在交友方面出现偏差，影响品德和学习，这种关心和担心是十分必要的，也是老师对学生负责的表现。

朋友间的这种交往带有隐蔽性、封闭性。有的老师苦于不了解你的思想动向和交友目的，只能采取私自拆信的行为。私自拆信严格说来是一种违法行为，即便是家人之间也没有互相拆信的权力。老师私自拆学生信件的行为同样是错误的，但其出发点是好的，所以你对老师的这种行为还是要予以谅解。

雨婷，你是个善解人意的孩子，相信你是可以理解老师的良苦用心的。要想完满地解决这个问题，可以应用以下几种方法：

第一，开门见山、直截了当地向老师提出意见，指出这种做法是违法行为，不希望老师这样做。但要注意的是，首先应说明理解老师的心情，理解老师只是采取的方法不好，在谅解的基础上善意地提出自己的意见，我想老师是会接受的。

第二，你可以有意识地主动接近老师，常和老师交流自己的想法，使老师能了解你的思想动向。

第三，从思想和行动上严格要求自己，树立正确的交友观，如果是不三不四或者底细不清的人最好不联系，把主要的精力放在学习上，以行动让老师放心，这才是最根本的。

不管怎么说，老师私自拆学生的信是错误的，是侵权行为，是不容许的。但我们要从实际出发，具体问题具体分析，要在理解的基础上解决好这个问题。

如何摆脱失眠的困扰

哎呀！又要英语考试了，晚上不可以睡觉，背背背！碧春平日里最不喜欢学习的便是英语。碧春的一位同学也很有同感，还总是煞有介事地对她说："碧春，咱们英语学不好，不算丢人，我们是中国人。"

"对！明明是只猫，干吗总是学狗叫！"每当谈论起抵触英语这个话题，她们两个孩子总是可以建立统一战线。不过，说归说，眼看着就要英语考试了，不背不行。背单词、背句式、背课文，然后把以前做过的题再看一遍，万一能碰到原题呢。那天晚上，碧春熬夜到晚上三点多。经过碧春的奋发努力，考试总算是顺利通过了，但是后患无穷——从此以后，碧春每天晚上都无法安然入睡。"教给你一个好方法。"碧春的一个同学对她说道，"你在睡觉之前，捧本书看，记住要捧本没有意思的书看，这样很快就困了。"

其实这种方法碧春早就试过了，根本就无济于事。就这样度过了不知道多少个夜晚，碧春的脸色逐渐变得蜡黄，精神也越来越差，白天也没有办法集中注意力听课，别提有多难受了。怎样才能摆脱自己的不眠夜呢？这个问题，碧春决定要问问妈妈。碧春详细地把自己失眠的情况告诉了妈妈，当妈妈耐心地听完碧春的陈述之后，告诉她说：

"碧春，一定是你前段时间把生物钟打乱了，所以最近才总是失眠。女孩在进入青春期以后，身体状况会发生巨大的变化，体内原有的生物钟被打乱了，可能会在一段时间内晚上躺在床上翻来覆去睡不着。其实，等到你身体中的生物钟恢复了平衡之后，失眠就会自然消失了。"

"你睡不着的另外一个原因还可能是：发现自己失眠之后，心情异常紧张，结果越担心就越睡不着，越睡不着就又越担心，形成了一种恶性循环。"碧春听了妈妈的解答之后，又问道："那您能不能先给我买一点儿安眠药？这样的话，在生物钟调整好之前我也可以安心睡觉了。"

"碧春，你还这么小，千万不要想着吃安眠药，安眠药服用的时间过长，也会有依赖性。你所需要做的事情就是使大脑放松，这远比安眠药管用。只要大脑放松了，你自然而然就会睡着了。"妈妈耐心地说道。

碧春今天晚上要试着放松一下大脑，争取做个好梦。

💜 妈妈告诉我

碧春，人的一生大约有 1/3 的时间都是在睡眠中度过的，睡眠对于人体的意义，就像呼吸和心跳一样重要。但是，有很多女孩也和你一样，受到失眠的折磨。对于失眠的原因，有些专家曾经做过分析，主要有以下五大因素：

1. 身体素质不同。大多数习惯失眠的女孩天生都比较柔弱。由于体质较为敏感，对外界事物的变化也就会很敏感，造成情绪变化较大。她们往往遇事容易激动或惊恐，多思多虑导致失眠。

2. 精神状态不同。当精神受到外界的刺激或干扰时，最容易导致失眠。比如和爸爸妈妈或者同学老师之间遇到某些不愉快，发生争吵以后，常常会使女孩多思多虑甚至过度担心，从而打乱正常睡眠，甚至引发失眠。

3. 某些疾病影响。如果女孩在患病或手术之后身体虚弱，也会导致失眠。此外，睡眠不好也常常是抑郁症、焦虑症等精神疾病的症状。

4. 药物的副作用。抗精神病药、抗抑郁药、抗焦虑药或安眠药，以及一些扩血管药、抗生素、抗结核病药等，都有可能引发失眠。

5. 睡眠环境不同。如果家庭周围的环境经常有噪音，就容易引发失眠，比如夜间施工就很可能会影响到睡眠休息。

避免上面这些容易导致失眠的因素，可以帮助你把失眠的可能性降到最低。

现在，妈妈给你提几个小建议，帮助你养成良好的睡眠习惯，如何？

1. 在睡觉之前不要喝咖啡、茶水等这些含有咖啡因的饮料，吃晚餐的时间不可以太晚，而且晚上尽量少吃油腻的食物，这些好习惯将有助于你睡眠质量的改善。

2. 最好在白天保证有一定的运动量，让自己有适量的疲惫感，这也可以使夜间的睡眠度更深。大部分的失眠患者都是由于精神活动超负荷，而体力活动不足导致的。

3.在睡觉之前泡个热水澡，也可以用热水泡泡脚，都有助于睡眠，使人更容易入睡。

4.如果白天在学校里遇到了烦心的事，到了睡觉的时候就不要再想了。在睡觉之前让自己的心情保持平静，听听令人舒缓的音乐，能够帮助你更快进入梦乡。

5.在日常生活中最好不要在床上做其他的事情，比如不要在床上看书、打电话、看电视，如果经常在床上进行活动的话，会破坏定时睡眠的习惯。

6.最好不要错过最佳的睡眠时间，一般来讲，一天24小时当中，最佳的睡眠时间是晚上的11点至凌晨1点。如果错过了这段时间再入睡的话，很容易导致半夜睡不安稳、醒后疲劳，使睡眠质量下降，从而引发失眠。

女孩也会神经衰弱吗

眼看重要的期末考试就要来临了，可是林蝶根本没有心思学习。因为从这个学期开始她迷上了武侠小说，晚上回到宿舍总是急不可待地翻开看，那些引人入胜的故事情节，相信任何人都很难拒绝。由于看了太多的小说，林蝶的学习时间被大量地占用，以至于很多功课都亮起了"红灯"，套用一句经典的话就是：大红灯笼高高挂——看上去很美。

老师不得不把林蝶叫进了办公室："林蝶，我们可要努力好好学习，你看班上的差生里面，哪有像你这么乖巧规矩的小孩啊？"是啊，从办公室走出来的那一刻，林蝶就发誓：一定要把成绩追上来！但是，林蝶发现自己很难进入学习的状态，而且最近每天晚上都要很晚才能睡着，即便睡着了也总是多梦，醒来会觉得很累。这种状况一直持续了很长时间。可能是这个原因，林蝶的头老是觉得发胀，上课的时候也总是昏昏沉沉。平时与人交谈的时候还总是觉得自己语句混乱，语气变重、烦躁，还很容易着急。

妈妈好像发现了林蝶的异常，那天还跟她说："林蝶，看你这几天不太精神，话也变少了，不像从前那样爱说爱笑，脾气也变得这么暴躁。你是不是不舒服，或者有什么烦心的事呀？"

这实在不是林蝶愿意的啊！看到林蝶这样憔悴的样子，妈妈好像也有几分难过，她买来很多很多健脑的补品，但是林蝶吃了之后还是一点儿效果都没有。以前当林蝶感到劳累的时候，只要稍微休息一下或者睡一觉就可以调整过来。但现在却不是这样，越休息反而越想休息，睡得越多反而越想睡觉。当她强迫自己坐下来学习或做作业的时候，也常常感到注意力不集中，因而感到特别吃力。不仅如此，林蝶还经常感到疲劳无力、经常忘记要做的事。妈妈实在没有办法，便带她去看医生，体检没有发现任何异常，经过医生的诊断，确定林蝶有一些神经衰弱。"我还是个孩子呢，怎么会神经衰弱？"林蝶很不服气，气呼呼地问妈妈，"神经衰弱不是中老年才有的疾病吗？""林蝶，相信医生的话，你要学会放松自己的心情。"

❤ 妈妈告诉我

林蝶，神经衰弱是由于长期过度紧张，造成大脑的兴奋与抑制功能失调。有很多女孩由于工作与学习的负担过重，或者因为长期的心理冲突、压抑得不到解决，从而导致大脑机能系统功能失调，引起神经衰弱。

当女孩患了这种神经衰弱的病症以后，就会表现得情绪不稳、失眠、乏力、抑郁寡欢，对极其重要的事情会感到茫然无所知觉，对声音极度敏感，甚至很轻微的声音也会惊恐得心跳、冒汗。

神经衰弱也是一种常见的心理神经疾病，多发生在青少年求学与就业期间。

林蝶，妈妈想要告诉你的是，千万不要背上一个"我有病"的包袱，也不要向和自己不相关的人叙述自己的病情和痛苦，不仅别人无法帮助你分担痛苦，还会让自己更加坚信自己"有病"，原本无所谓的事情也让自己这么一嘀咕而变得严重了。

一个人在成长的过程中，心理上的变化，大多得益于对自己与社会的正确认识，并及时地进行心理调适。所以，面对神经衰弱，首先要认清它的本质和发病原因，然后要树立生活和学习的信心，把消极的情绪转变为积极的情绪，这才是治疗的关键。在日常的生活中，改变不良习惯、加强体育锻炼、作息时间有规律，不仅可以有助于克服精神衰弱，而且有利于神经衰弱的预防。

为什么会有"性幻想"

那天晚上玉竹的小伙伴不舒服，玉竹只好一个人去上晚自习。平时有这个小伙伴陪伴，今天突然没有人陪她，还真觉得有点不习惯。

不过巧的是，班上的男生S君恰巧也去上自习，玉竹正好与他一路同行。S君是班上一个颇有争议的人物，大家对于他的传奇故事都多少略有了解。比如他每天早上6点钟起床，到学校偏僻的小树林里面练习剑法，既可强身又可防贼。玉竹的小伙伴们还曾经把S君当作笑柄，多次相约将来有机会一定秘密跟踪他，领教"大侠"的剑法。不过，和S君交谈几句后，玉竹发现他并非八卦人物，侃侃而谈又幽默风趣，那个晚上玉竹过得很愉快。直到晚上睡觉之前，玉竹还会想起S君说的笑话，很愉快地入睡了。早上醒来之后，玉竹朦朦胧胧中觉得S君就在自己的身旁……

天哪！都在想些什么！玉竹马上坐了起来，深吸了一口气。气定神闲，不要胡思乱想，玉竹收拾了一下乱糟糟的情绪，准备赶快上课去。

♥ 妈妈告诉我

玉竹，处于青春期的女孩，常会想入非非，把曾在电影、电视、书刊杂志等社会传播媒介中看到过的性爱镜头或故事，通过大脑的重新剪辑移植到自己身上，或者用丰富的想象，虚构与自己爱慕的异性交往的种种情景，从而满足自己的性欲望。这种带有性爱色彩的梦幻心理就称为性幻想。性幻想是性生理发育的产物，它是在人的清醒状态下，虚构出的带有一系列性爱情节的心理活动。

青春期是人一生中生长发育最旺盛的时期，随着性生理的成熟，产生了性欲望和性冲动。但是在现实生活中，青少年不能以合乎道德、法律的途径来满足对性的欲望和需求。一般来讲，从性成熟到以婚姻形式开始正常的性生活有8～10年的过渡时期。在这期间，有性爱的主观愿望而无性爱的客观可能，就容易导致青少年展开丰富的想象，以梦幻取代现实。

性幻想在处于青春期的中学生中普遍存在，只是有的想得多一些，时间长一些，有的想得少一些，时间短一些。一般女孩比男孩要多，尤其是思想活跃、感情丰富又闲暇舒适的女孩发生的频率会更高。性心理学家蔼里斯曾指出，对于先天遗传有艺术家倾向的人，性爱的白日梦所消耗的精神和时间比较多，而艺术家中尤以小说家为甚。

性幻想在人入睡之前及睡醒之后卧床的时间里，或在闲暇时较多出现。有人把性幻想称作"白日梦"，就是在白天的时候，有时在上课、走路，甚至在听别人说话的时候，脑海里会浮现出与眼前的实际情况毫无关系的图像和情节，如同在过电影。在性幻想入神的时候，有些人可能出现性兴奋。

其实，就性幻想的本质而言，它是青春期男女以至未婚成年人的一种自慰行为，是在没有异性参与的情况下进行自我满足性欲的活动。性幻想的过程反映了幻想者强烈想实现但又不能得以实现的愿望，这种幻想起到了一种补偿作用，可以宣泄内心的压抑，满足心灵的渴求，对心理冲突起平息和抚慰的作用，可以说这是性幻想的积极作用。

所以，玉竹，对于性幻想，你要有一个正确的认识，消除不必要的焦虑。性幻想在人类性心理中占有重要的地位，它对人类性心理的发展也具有一定的积极意义。所以一个人具有一定的性幻想是正常的，也是必需的。

虽然说青年人的性幻想是一种正常现象，但还是给许多女孩带来烦恼和困惑。如果女孩过分沉溺在性幻想之中，以至于整天都是昏昏沉沉的，在自己的幻想中度过，有些可能会变成"单相思"，或"钟情妄想"，以致分不清幻想和现实，影响正常的工作、生活、学习和休息。所以年轻女孩应学会善于控制自己，以避免过多的性幻想。

要做到这些并不容易，不过妈妈这里有几条好建议，最关键的是让自己的生活丰富起来，不会空虚无聊，思路才会逐渐清晰。

1. 不要过分地沉迷于言情小说、淫秽物品和影视之中，而应多阅读一些内容深刻、健康的文艺作品。

2. 多参加丰富多彩、有益于身心健康的活动，特别是户外的体育锻炼。

3. 可以适量学习一些关于心理方面的知识，加强心理的自我调节，尽量避免把注意力集中在性问题上。

控制不住想嫉妒别人

今天莲莲在学校里和同学闹了一点儿小别扭，回到家时眼睛都哭红了。

"莲莲，你怎么了？"妈妈看到莲莲这个样子，吓了一跳。

"呜呜……今天，班上有个女生当着我的面说老师偏心眼儿，说老师偏向我。"

事情是这样的，白天上体育课的时候莲莲旁边有个女生在站队列的时候和莲莲说了几句话被老师看到了，就把她们两个人都叫了出来。由于莲莲的态度比较好，所以老师就让莲莲回到队列继续上课，而那个女孩因为和老师顶嘴还用白眼翻老师，所以被罚站了一节课。

等下课之后，她就到处和别人讲是老师偏向莲莲，本来应该是莲莲和她一起罚站的。莲莲心里很难过，忍不住就哭了。

"原来就是这点儿小事呀，莲莲不要哭了，看看你多没出息啊，"妈妈笑着安慰莲莲道，"估计那个女孩是看你没有被罚站才生气了，所以下课要在同学中间讨个说法吧。"

"嗯，她就是这个意思，那也不能踩我呀。本来就是她先和我说的话。""莲莲，这样的同学，我们不要理会，好不好？相信你的同学也不会喜欢她的。""嗯，是，她周围的朋友特别少。""对啊，谁愿意和这样一个小气的女孩在一起玩呢？看到别人比她好就生气，这实在是不应该。莲莲，你也要从心里原谅她，也要同情她，毕竟她罚站了一节。"听妈妈这样一讲，莲莲破涕为笑了。

💜 妈妈告诉我

莲莲，嫉妒是人固有的一种心理，即对才能、际遇、名誉、地位比自己好的人怀有怨恨的情感。它是一种负面情绪，是人际交往中的不利因素。

嫉妒是基本人性之一，只不过有的人会把嫉妒表现出来，有的人则把嫉妒深埋在心底。

嫉妒是无所不在的，朋友之间、同事之间、兄弟之间、夫妻之间、亲子之间，都有嫉妒的存在，而这些嫉妒一旦处理失当，就会形成足以毁灭一个人的烈火。朋友、同学、同事之间嫉妒的产生大多是因为以下的情况，例如："他的成绩又不见得比我好，可是老师却喜欢他！""他和我是同班同学，在校成绩又不比我好，可是竟然比我发达，比我有钱！"换句话说，如果你受到了肯定或奖赏、获得了某种荣誉，那么你就有可能被同学或同事中的某一位（或多位）嫉妒。女孩的嫉妒会表现在行为上，说些"哼，有什么了不起"之类的话，但男孩的嫉妒通常藏在心里，藏在心里也就算了，有的会开始跟你作对，表现出不合作的态度。

有嫉妒之心者，也往往自高自大，认为"老子天下第一"，从而看不起别人，无视别人的成绩，贬低他人的才干如草芥。而当别人取得一些成绩时，他的心理便会失去平衡，总会千方百计地给那些优于自己者制造出种种麻烦和障碍：或打小报告，无中生有，唯恐天下不乱；或做扩音器，把一件小小的事情闹得满城风雨。嫉妒者还终日郁郁寡欢，唉声叹气。只有被嫉妒者降到了与他一样或较低的位置，他们才会消除妒气，从而偃旗息鼓。这也正应了"小人长戚戚，君子坦荡荡"一说，嫉妒别人者当也属于小人之列。

本来，嫉妒是人类的一种普遍的情绪，它源于人类的竞争，其本身具有一定的生物学意义，或起积极作用，或起消极作用。有些人嫉妒是出于不服与自惭而不甘居下，所以奋发努力，力争上游，这就是积极的心理与行为。这种情形在充满竞争的现代社会里，更有其积极的意义。爱情当中的嫉妒也是有一定积极意义的。爱情具有强烈的排他性，自己的恋人如果反对你同别的异性接触和交往，正是反映了他（她）对你的爱的程度。相反，如果从不"吃醋"，毫无嫉妒心，那么也许你们之间的关系还只是"喜欢"水平的友谊，而不是爱情。莎士比亚就曾经把嫉妒视作爱情的"卫道士"。

嫉妒心理出现以后，很快就会导致嫉妒行为，例如中伤别人、怨恨别人、诋毁别人。而更强烈的嫉妒心理还有报复性，它把嫉妒对象作为发泄的目标，使其蒙受巨大的精神或肉体的损伤。青年的嫉妒心理出现以后，如果不能直接用某种嫉妒行为达到目的，就可能会转而等着看嫉妒对象的"好事"，稍有一点儿挫折或失败出现在嫉妒对象身上时，他们便幸灾乐祸，鼓倒掌、喝倒彩，以此挖苦对方，满足日益膨胀的嫉妒心理需要。如果嫉妒对象遭受到比较大的挫折，他们更是乐不可支，不给予半点儿同情和安慰。实际上，嫉妒心理及相应的嫉妒行为除了暂时地平衡他们的心理之外，毫无可取之处。一方面，身受其害的嫉妒对象会远离这个"作恶多端"的嫉妒者，旁观者也会对嫉妒者的小人行径不满，嫉妒者以前建立的一些人际关系也可能由此而失于和谐，变得紧张起来。

另一方面，嫉妒者也并不是一个胜利者，他们自己也承受着巨大的心理痛苦，在以后的交往活动中也会裹足不前，不敢与那些条件优越或有很强能力的人交往。所幸的是，严重的嫉妒心理在大多数人那里找不到生长的温床，只有心胸狭隘的人容不得别人比自己有半点儿的超出，在交往中，心胸狭隘的特点更是暴露无遗。他们总希望别人都围着自己转，一旦满足不了这个愿望，他们就会发脾气。他们还会因为一些微不足道的事而产生嫉妒心理，别人在外貌、财富、学识、地位、爱情等方面的差别（主要是优越），都可以成为滋生嫉妒的基础，例如，别人因面容端正可爱成为交往的焦点，他（她）就会嫉妒得暴跳如雷。这些心胸狭隘的人往往还缺乏修养，他们在本不该产生嫉妒心理时却产生嫉妒的怨恨之后，总是不能控制情绪的发展，更不能将其转化到积极的方面，而是立即将嫉妒心理转变成嫉妒行动，一直到发泄了怨恨、平衡了心理之后，方才罢休。

就拿周瑜来说，一生度量太窄的周瑜，在取得火烧赤壁大战成功后，竟容不下与他共同抗曹的诸葛亮，并密令部将丁奉、徐盛击杀诸葛亮。不料诸葛亮早有准备，密杀不成。为此，周瑜万分气愤。几次阴谋不成，使周瑜一次比一次气憋于心，最后被"气死"了。

周瑜在临死之前，非但未能悔悟自己的致命弱点，反而含恨仰天长叹："既生瑜，何生亮？"可见嫉才之心，到死也不肯更改。

怎样克服自卑感

美莲最近心情格外郁闷，老是觉得自己比不过别人。她有一次和同伴开玩笑说：套用刘邦的那句话，就是"夫论聪明伶俐，油头滑脑，吾不如小 A；善解人意，出谋划策，吾不如小 B；时尚靓丽，吾不如小 C。呜呜……"

（想知道当时刘邦是怎样说的吗？"夫论运筹帷幄之中，决胜于千里之外，吾不如子房。镇国家，抚百姓，给馈饷，不绝粮道，吾不如萧何。连百万之军，战必胜，攻必取，吾不如韩信。此三者，皆人杰也，吾能用之，此吾所以取天下也。"）

美莲不知当时刘邦怎么这样自信，如今这话从自己嘴里说出来的时候，只剩下悲伤的眼泪了。是的，美莲确实很自卑，觉得很郁闷，不知自己何处有所长。回到家，她居然莫名其妙地问妈妈："妈妈，我是不是毛病特别多？"

"没有啊，很多叔叔阿姨都很喜欢你。"妈妈很诧异地望着美莲，不知道怎样安慰她。"嗯，那就好。"可能是由于美莲想得太多了吧，为什么总是对自己不自信呢？

❤妈妈告诉我

美莲，其实你的这种心理，在现在的生活中大多数人都有。有许多像你这样年纪的女孩性格孤僻、害怕与人交往，常常觉得自己是茫茫大海上的一叶孤舟，喜欢一个人顾影自怜，或者无病呻吟。她们不愿投入火热的生活，却又抱怨别人不理解自己，不接纳自己。这种封闭自己的自卑心理，会衍生出一种与世隔绝、孤单寂寞的情绪体验，因此会感到越来越孤独。孤独的人往往将自己封闭于一个自我的狭小范围内，独自在这一小块圈地里品尝寂寞，并且拒绝他人的善意介入。这样的人，到头来损失最大的还是她自己。

美莲，妈妈不希望你变成这样的人，年轻人应该是朝气蓬勃、蒸蒸日上的。妈妈想用一个故事来启发你，想让你明白，自卑的人总是觉得一切对她而言都毫无意义，最终也不会创造出多彩的生活。

有位自卑的孤独者倚靠着一棵树晒太阳，他衣衫褴褛，神情萎靡，不时有气无力地打着哈欠。这时有一位智者由此经过，好奇地问道："年轻人，如此好的阳光，如此难得的季节，你不去做你该做的事，却在这儿懒懒散散地晒太阳，岂不辜负了大好时光？"

"唉！"孤独者叹了一口气说，"在这个世界上，除了躯壳外，我一无所有。我又何必去费心费力地做什么事呢？我的躯壳，就是我做的所有事了。""你没有家？""没有。与其承担家庭的负累，不如干脆没有。"孤独者说。"你没有你的所爱？""没有。与其爱过之后便是恨，不如干脆不去爱。""你没有朋友？""没有。与其得到之后失去，不如干脆没有朋友。""你不想去赚钱？""不想。千金得来还复去，何必劳心费神动躯体？""噢！"智者若有所思，"看来我得赶快帮你找根绳子。""找绳子？干吗？"孤独者好奇地问。"帮你自缢！""自缢？你叫我死？"孤独者惊诧了。"对。人有生就有死，与其生了还会死去，不如干脆就不出生。你的存在，本身就是多余的，自缢而死，不正合你的逻辑吗？"孤独者无言以对。

"兰生幽谷，不为无人佩戴而不芬芳；月挂中天，不因暂满还缺而不自圆；桃李灼灼，不因秋节将至而不开花；江水奔腾，不以一去不返而拒东流。更何况是人呢?"智者说完,拂袖而去。

你看,如果一个人如果不能把自己打败,那谁也救不了他。

造成自卑的原因多而复杂,比如学习上的挫折,缺乏与异性的交往,失去父母的挚爱,周围没有朋友等。

此外,自卑心理的产生,也与人的性格有关。比如有的人情绪易变,常常大起大落,容易得罪别人,因而使自己陷入一种自卑的状态。

至于如何克服自己的自卑心理,妈妈给你提出几个小建议:

1. 用补偿心理超越自卑。

补偿心理是一种心理适应机制,从心理学的角度来分析,这种补偿其实就是一种"移位",通过克服自己生理上的缺陷或者心理上的自卑,把更多的精力用于发展自己其他方面的长处、优势,从而赶上或超越他人的一种心理适应机制。这种心理机制的作用,是使一个人的自卑感成为成功的动力,他们的自卑感越强,寻求补偿的愿望就越大,成就大业的本钱也就越多。

2. 用乐观的态度来面对失败。

在自我补偿的过程中,还需要正确地面对失败。要知道,人生的道路上,一路顺风的人少,曲折坎坷的人多,成功是由无数次失败构成的,美国通用电器的创始人沃特曾经说:"通向成功的路,就是把你失败的次数增加一倍。"

面对挫折和失败,唯有乐观的心态,才是正确的选择。其一,做到坚忍不拔,不因挫折而放弃追求;其二,注意调整原先脱离实际的目标,及时改变策略;其三,用"局部成功"来激励自己;其四,采用自我心理调适法,提高心理承受能力。

青春期歇斯底里病

不知为什么，曼曼总是感觉到恐惧。平时大家在一起上体育课，她却非常害怕体育活动，担心身体会受伤，总是想着自己的腿会被摔断，眼睛会被打瞎，皮肤会被划破，甚至会感到跳远很可怕。

她还总是说自己失眠，读书的时候头昏脑涨，学习感到吃力，健忘，还常常感到身体疲惫不堪。在睡觉时她总是做噩梦，在意识模糊的背影上出现大量的错觉、幻觉和不系统的妄想，内容多是可怕的场面，如看到野人，有野兽袭来等，常常在梦中出现惊恐、喊叫等行为。她为此痛苦不堪，曾去看过医生，医生说她有轻微的神经衰弱症状。

她是一个胖胖的女孩，其实很可爱，但是由于同伴的玩笑，她决定要绝食减肥，经过一系列自虐之后，终于把体重从 65 公斤降到了40 公斤，但是感到体力大不如从前，而且出现了闭经、胃疼等症状，进食多些便感到恶心。唉！其实胖点儿不也很好看吗？何苦要自己找罪受呢？

以前有一个邻居老大爷曾经夸她的手白白胖胖的，很可爱，她却总是怀疑那个大爷不怀好意，以后就再也不敢见那个邻居老大爷了。

总之，曼曼就是这样一个恐惧感很强的女孩，总是感到自己很不安全。她自己也说不清楚自己处在一个什么样的心理状态，不知道该怎么办才好。

♥ 妈妈告诉我

曼曼，你很可能就是那种传说中的歇斯底里人格，这类人有以下特点：人格发展幼稚不成熟，情绪不稳，容易感情用事，有过分的幻想，容易把幻想当作现实，以自我为中心，自私、任性，重视别人对自己的关注、照顾，以过分做作夸张的行为引人注意等。

歇斯底里反应是由刺激或不良暗示引起的神经系统功能失调与精神异常。青少年由于学习或工作的压力大，受家庭或社会生活的不良因素影响，加上自我心理发展不成熟，容易患歇斯底里症。

歇斯底里症一般以心理治疗为主，采取分析疗法、行为疗法以及集体疗法进行治疗。由于歇斯底里症好发于青少年，尤其是女性，所以提供一个较好的人际环境无疑有助于防治歇斯底里症的发生，同时，歇斯底里症容易与其他神经性、精神性疾病相混淆，因此，必须把握歇斯底里症的人格特征与具体表现，以免延误治疗。

一般来说，患有歇斯底里病的人都会有下面三个明显的特征：

1.高度的情绪强度和易变性。他们的情绪反应过于强烈，常常带有夸张的色彩，并且情绪很不稳定，容易从一种情绪转为另一种情绪。他们常常感情用事，判断是非的标准常从感情出发。

2.高度的受暗示性。他们的暗示感受性很高，很容易受到他们尊敬的人或有好感的人的言行的影响。这种病人的自我暗示感受性也很高，甚至可引起躯体的种种不适应症状。

3.高度的自我显示感。他们喜欢夸耀自己，愿意成为人们注意的中心。

被强迫的洁癖

向秋是个看上去清爽可人的小女孩，但她有一个毛病：洁癖得厉害。"向秋，那边有个空座位，过去坐吧。"同学一片好心，看到一个座位便想让给站在公交车上老是扶不住的向秋。"嗯，不去，那个椅子太脏了。"向秋宁可站着，也不愿意坐在那里，可见她有多么的洁癖。"切！那我去坐了。"那个同学看自己的好心被人当成了驴肝肺，心里同样不爽。

可是向秋也不是针对某个人，只是从小在家就洁癖习惯了，怎么办呢？据向秋自己说：她卧室里用的塑料凳子，如果有第二个人坐过的话，她就不会再用了，其洁癖程度可见一斑。

那天向秋从店里买来一块好吃的比萨饼，放在桌子上正要准备和伙伴们一起享用，这时隔壁的小宠物狗跑过来嗅了嗅饼的外包装。不幸的是，这一幕让天性洁癖的向秋看到了，她只好把饼分给了大家，自己坚决一口不吃。

"如果狗刚才带进去狂犬病毒怎么办？不行，我不敢吃，你们几个吃了吧。"其实，向秋也知道这样做是不对的，但是她控制不住自己，即便明知道不对，也无法摆脱。这就是向秋，不知她的这种症状是否是强迫症？

❤ 妈妈告诉我

向秋，你的习惯真的有一点强迫症呢。

让妈妈来告诉你什么是强迫症吧。

所谓的强迫型人格是一种以强烈的自制心理和指控行为为主要特征的人格障碍。患有强迫症的青少年凡事要求严格和完美，容易把冲突理智化，平时总会有不安全的感觉，对自我习惯过分地控制，过分注意自己的行为是否正确、举止是否恰当，因此表现得特别死板、缺乏灵活性。一般具有强迫性人格的人责任心都很强，往往用十全十美的高标准要求自己，追求完美，同时又墨守成规。在处事方面会表现得谨小慎微，难以做出决定。他们的情感以焦虑、紧张、悔恨时多，轻松愉快时少。不能平易近人，也难以热情待人。

强迫型人格障碍与幼年时的家庭教育和生活经历有直接关系。父母管教得过分严厉、苛刻，要求子女严格遵守规范，绝不准自行其是，造成孩子做事过分拘谨和小心翼翼，生怕做错了事而遭到父母的惩罚，做任何事都思虑甚多，优柔寡断，并慢慢形成经常性紧张、焦虑的情绪反应。另外要注意的是，有的时候正常人也可能会有一些强迫特征，不应与强迫型人格混淆，强迫型人格患者的职业或社交能力一般会受到严重限制甚至损害。

强迫型人格障碍患者把行动的自主权交给了"规矩与习惯"，把自己活泼的心智缩进了牢笼。因此要打开锁链，打开牢笼，让曾被囚禁的自由思想主宰自己的行为。"棒喝"便是打开牢笼的妙法。

当一个人过分执着于经典与规矩时，他对多变的现实常会感到无所适从。患强迫型人格障碍的人已经习惯于按教条办事，总是按"应该如何，必须如何"的准则去做，在某种程度上像个机器人。要改变这种状况，就应努力寻找生活中的独特事件，让这些独特事件给他们带来新的观念和解决问题的新思路、新方法，以起到"棒喝"的作用，改变以往墨守成规、循规蹈矩的习惯。

另外，自己也可以对自己做些暗示，制造一些"棒喝"，当感到将要不能控制某些行为的时候，对自己大喝一声"Stop"或"No"，都是有效的方法，这时人的思维、行为的习惯会被打乱，自我意识就能起作用了。当自己对他人办事不放心，迟疑着不肯把事情交给手下人去办时，就可以对自己大喝一声"当断则断"，在那一瞬间抛弃所有的顾虑，把任务很快交给下级。

受到挫折后的调适方法

若雨最近的状况真可以用"屋漏偏逢连夜雨"来形容，倒霉的事情都连成一串了。首先是期中考试考砸了，家长会后，被爸爸狠狠地教训了一顿。"若雨，我看你最近是玩疯了，看看你的成绩，是怎么考的！"爸爸的眼睛向来很大，那天一瞪眼，可把若雨吓坏了。"嗯……"经过爸爸的一番训诫，若雨一句话都不敢说了。伤心难过之余若雨不禁觉得父母太绝情了，从小爸爸妈妈总是习惯宠着若雨，她哪里遭受过这样的委屈，真是让她伤心欲绝。看来应试就是不好，差点儿把亲情都断了。哎，若雨心想什么都别说了，到底自己是个学生啊，学习成绩不好当然无法交差。以后只有自己多努力，不要让爸爸再发脾气才好。

没想到的是，倒霉的事情还在后面。挨了爸爸批评的转天，在学校组织的运动会上，若雨在跑步的时候把脚脖子扭伤了。全班因为她的失误丢掉了一个荣誉。虽然没有同学责怪若雨，可是若雨的心里很自责，怎么就这么背啊，偏偏在这个时候把脚扭伤！

一定是自己倒霉透顶，才造成这样的结局，最近真是倒霉事都赶到一块了。所以，最近几天若雨都是闷闷不乐的。

♥ 妈妈告诉我

若雨，妈妈可不希望看到你因为这点小事就变得老是闷闷不乐的。

人生是一个漫长的过程，要实现人生的目标需要数十年的奋斗。鲁迅先生在"风雨如磐"的旧社会，特别强调要坚持"韧性的战斗"。许多卓有成就的革命家、科学家、文艺家之所以取得成功，除了他们的才能之外，无一例外都具有意志坚韧这一心理品质。正是这种坚韧，使他们克服种种艰难险阻，百折不挠地向前搏击。而你，怎么能因为这点儿小挫折就不敢向前了呢？

克雷吉夫人曾经说过："美国人成功的秘诀，就是不怕失败。他们在事业上竭尽全力，毫不顾忌失败，即使失败了也会卷土重来，并立下比之前更坚韧的决心，努力奋斗直至成功。"有些人遭到了一次失败，便把它看成拿破仑的滑铁卢，从此失去了勇气，一蹶不振。可是，在刚强坚毅者的眼里，却没有所谓的滑铁卢。那些一心要得胜、立志要成功的人即使失败，也不会视一时失败为最后的结局，还会继续奋斗，在失败后重新站起来，比之前更有决心地向前努力，不达目的决不罢休。

世界上有无数强者，即使丧失了他们所拥有的一切东西，也不能把他们叫作失败者，因为他们有不可屈服的意志，有一种坚忍不拔的精神，有一种积极向上的乐观心态，而这些足以使他们从失败中崛起，走向更伟大的成功。在我们学习那些坚忍不拔、百折不挠的生活强者时，我们也能将失败像蜘蛛网那样轻轻抹去，只要我们心里有阳光，只要我们面对失败也依然微笑，我们就能说：命运在我手中，失败算得了什么！

妈妈来帮你支招，教你正确地看待挫折：

1.以正确的心态来面对挫折，将挫折作为人生的新起点。

有句俗话说得好，人谁无烦恼，风来浪也白头。这是说世间的万事万物都有烦恼。拿破仑曾经说过：人生的成功不是没有失败记录，而是能够百折不回。所以失败并不可怕，因为失败之后的态度和举动才真正决定你今后的一切。清朝有名的大臣曾国藩，开始带领湘军镇压太平天国运动的时候，由于刚开始战略战术不好，经常被打得惨败，有次竟然全军覆没，曾国藩急得要跳河自尽。师爷急忙拉住了他，同时，还建议把写给皇帝奏章上的"屡战屡败"写成"屡败屡战"，皇帝看了奏章之后，大大地嘉奖了曾国藩，曾国藩也从那个奏章上看到了希望，从此改变态度，打败了太平军，终于成为一代中兴重臣。

你可以想一想，如果曾国藩当时无法接受挫折，一气之下就跳河了，历史还会记住他吗？所以说，对待挫折要有一个正确的态度，正是我们刹那间的念头，左右了或者决定了我们的人生，面对挫折，勇敢地跳过去，人生将别有一番天地。

2.通过适当的发泄来忘记痛苦。

据说在国外有一种专门的发泄馆，只要有了不高兴的事情，就能够去那儿发泄，通过发泄释放掉自己的苦恼，心情也就平静了。虽然现在在中国还没有类似的发泄馆，但我们也可以找到其他的方式来排解心中的挫折感，比如可以做些重体力的劳动，找一个没有人的地方，尽情地大吼几声。通过这样的发泄，你的心情就会好许多，这种自我发泄不失为一种好方法它可以在不知不觉中将你的烦恼发泄得一干二净。当然，选择听音乐等各种自己认为满意的方式，都是可以采用的。找你认为恰当又不伤害他人的方法即可。

3.找好朋友倾诉，丢掉心理包袱。

有一位哲人曾经说过：我有一个苹果，你也有一个苹果，我们彼此交换，每人都还是一个苹果。可是，你有一种思想，我有一种思想，我们彼此交换，每人就有两种思想。同样的道理，你有一份快乐，我有一份快乐，我们彼此交换，每人就会收获两份快乐。但是，当你把你的悲伤倾诉给另外的一个人，你就只有二分之一的悲伤了。

4. 找到用成功来取代挫折的突破口。

人之所以感到挫折，是因为我们遭受了失败的打击后难以及时走出失败的阴影，所以拿破仑曾经说过，"避免失败的最好方法，就是下决心获得成功"。当遭受了挫折且在一定时间内无法排解和战胜的时候，最好的方法就是绕道而行。将挫折暂时搁置，用另外一件事情来替代它。只要你留心，就能发现，以前的痛苦在今天看来，已经不再是痛苦，我们早已能坦然面对了。

害怕一个人孤独，怎么办

静香其实是个文静漂亮的小女生，平时看上去总是高高兴兴、快快乐乐的。可是有一天，在没有人招惹她的情况下，静香居然一个人偷偷地哭了起来。"静香，你怎么了？"看到静香在哭，同伴赶快过来安慰她。"呜呜……有的时候，我在想，人活着为什么要有众多的烦恼？我的脑子里经常出现许多离奇的幻想，坐在窗台前，看到蓝天白云，思绪就会如同江水一样伸展到遥不可及的远方。有的时候我会幻想自己走在春光明媚的森林中，清澈的小溪从我的脚下欢快地流过。这时候我的白马王子走了过来，轻轻地拥着我飞过小溪，远方有一匹骏马在等着我们……我只有在幻想的时候，才能看到很多美好的事物，以至于对周围的人毫无反应。"

啊？听到静香的这一番陈述，同伴感到不知所云。静香的脑袋里究竟想的都是什么啊！"静香，其实我也觉得你总是有一种忧郁气质。"同伴小心翼翼地对她说，生怕伤了她脆弱的心灵。

"是啊，我以前总是开朗活泼，现在却越来越怕见人了，一个人整天生活在自己的世界里，觉得现实生活中的事情没有什么意义。"

可怜的静香，她怎么会变成这个样子？"说真的，我最近都开始怀疑自己是否得了精神病，好像有点喜欢孤独又害怕孤独。我自己也不知道究竟是怎么回事。"静香自己也不敢相信自己了，会不会真的是情绪上出什么问题了？

♥妈妈告诉我

静香，如果妈妈没有判断错的话，你应该是有一些孤独心理在作祟。处于青春期的女孩，一般很容易感到孤独，她们都有这样一种体验：觉得自己是大人了，于是总想在一夜之间成熟起来。与父母的关系不再像过去那样暖融融地打动心扉，反而觉得唠叨刺耳；老师似乎也失去了往日的威信，就连平时最要好的同学，现在也不是那么亲密无间、无话不谈了，自己一肚子的心事不知道该和谁诉说，难怪女孩们总是感叹："没有人理解我！我好孤独。"

青春期女孩孤独心理的形成，虽然与个人性格发展及生活经历有关，但是更重要的是人际环境的制约。所以当一个女孩形成了孤独心理之后，最最需要的是家长、老师、同学的共同协助。所以静香，你要多和他人接触，才能改善自己的情绪。

如果想克服孤独感，必须从以下几个方面入手：

1.放开自我，真诚、坦率地把自己交给别人。要主动亲近别人，关心别人，因为交往是一个互动互助的过程，所以别人也会对你以诚相待。这样你就能扩大社交面，融洽人际关系，不再形单影只，孤独感自然就会消退了。

2.尽量缩小与同龄伙伴的距离。既不自傲清高，做脱离集体、高高在上的"超人"，也不自卑多虑，脱离同伴，做索然独居的"怪人"。从文化教养到兴趣爱好的各个方面，都应该与同龄人互相沟通、互相学习。

3.培养广泛的兴趣、爱好。为自己安排好丰富有益的业余生活，把思想感情从孤独的小圈子中解脱出来，投入到广泛的高尚的活动中去。

第三章

让理智做主，做正确的事

怎样管理自己的"小金库"

佩宁最盼望的时刻就算是过年了，为什么呢？因为每到这个时候都会收到很多红包，红包里有很多钱，有了钱就可以买很多东西。而且，今年妈妈告诉她，这次所有的压岁钱都由她自己来支配，这才是最令佩宁感到高兴的。

要知道在往年，佩宁的压岁钱都是要"充公上交"的，今年终于有自己的"小金库"了，这笔"巨额财产"要如何使用呢？这可真够她琢磨一段时间了。

正当佩宁暗自窃喜的时候，老妈走了过来问她："你有这么开心吗？""嗯，当然。"佩宁点头称是。"那你打算怎样使用这笔钱呢？我很想听听你的理财计划。"听了妈妈的话，佩宁心想不好，老妈一定还在打这笔钱的主意，佩宁不禁有点警觉了，担心地问道："妈妈，您不会是想变卦吧？我们已经说好了，这笔钱交给我来支配。"

妈妈被佩宁那认真的模样逗乐了："怎么会呢？你现在已经是中学生了，当然有能力管理自己的压岁钱。我只是想了解一下你如何支配自己的钱，顺便给你提一些理财的建议。"

妈妈的话就好像给佩宁吃了一颗定心丸，佩宁说："您放心吧，这些钱我是不会乱花的，我早就已经计划好了，把四分之三的钱存起来，用这笔钱给姥姥买生日礼物，剩下的钱用来买学习需要的书，您看这样好吗？"

妈妈听了佩宁的计划，赞许地点点头："没想到，我们宁宁是很有思路的小孩！"嗯，是啊，接下来要想一想，给姥姥买些什么礼物。

♥ 妈妈告诉我

佩宁，我很高兴你能有如此有意义的"理财计划"。现在，你已经是中学生了，以后你的零花钱都会由你自己来自由支配。但与此同时，妈妈也希望你能学会理性消费，正确地理财，能自己有条理地管理零花钱。

下面，妈妈想给你提几条理财小建议：首先，你要学会有计划地使用钱，对花钱有个预算。要给自己的零花钱规定一个数额，最好是把握在自身有能力支配的范围之内，随着你年龄的增长和实际需要再做些适当增加。

然后，你还要养成制订开支计划的好习惯。比如用多少钱买多少学习用品，用多少钱买自己喜欢的日用品，用多少钱来买零食。这样提前都预算好可以防止自己乱花钱，还可以让自己养成把钱花在刀刃上的好习惯。

另外，你还要学会存钱。以自己的名义开一个户头，这样可以增强你自我管理的兴趣和能力。

花钱绝不是一件简单的事情，它是一门学问。你如果真的想要成为一名"成熟的大人"，就应该从现在开始，学会正确消费，学会保管、支配好自己的"小金库"。最后，妈妈还希望你能够明白"钱"的真正含义：钱只是解决生活问题的一种媒介，它只是平常之物，钱并不能解决一切问题，应该正确地面对它。

网购会上瘾也会上当

"我遇到骗子啦。"平时最喜欢装成淑女样子的诗珊慌慌张张地跑了过来，一副六神无主的样子。

"诗珊，你怎么了？"同伴不禁好奇地问她，"你先静一静，不要慌张。"一边说着一边安抚诗珊的情绪。

原来，诗珊那天逛网上商店时发现了一部心仪已久的手机，而且标价只有800元，这样令人心动的价格让诗珊高兴得手舞足蹈，她二话不说当即就订购了一部。

由于诗珊平时早已习惯了网上购物，怎么也没有料到自己会上当受骗，不过这次，她确实遇到了骗子。

看中了这部手机之后，诗珊就通过网上银行往对方的账号上汇了300元的首付款。3天之后她接到了一个陌生人打来的电话，通知她已经到货，不过要她亲自去取。诗珊无奈，只好亲自去。不料那个人却不肯露面，一定要诗珊把剩下的500元也打到他的银行账号上才让她拿货。

对方后来又以各种理由要求加钱，就是不给诗珊手机。这个时候，诗珊终于意识到自己上当了。"唉，诗珊你要知道便宜没好货，好货不便宜啊。天上掉馅饼的事情怎么能相信呢？算了，就算是花钱买个教训吧。"同伴听了诗珊的遭遇之后，连连开导她。"太出乎意料了，"诗珊说，"我看了他的卖家信誉，是五星的，怎么会是骗子呢？我以后再也不敢在网上买东西了。"网络世界本来就是虚拟的，而江湖骗术又是防不胜防，所以小心谨慎才行啊。

♥妈妈告诉我

互联网在近些年的高速发展，给我们的生活带来了巨大的便利，但同时也带来了许多新的烦恼。当你在享受丰富的网络资源时，又不得不面对众多的安全威胁。而随着网络经济的繁荣，网上购物由于其快捷、便利、价格较低的优点，已经成为许多青春期女孩的时尚购物方式。尽管这种购物方式使你享受到了足不出户、送货上门的方便，但一些不法分子却利用网络购物行骗，这经常令购物者防不胜防。那么，对于缺乏相关安全知识的我们，怎样才能在享受网络带来的便利的同时保护好自己，免受不法分子的侵害呢？

下面妈妈给你介绍一些经验和方法，给你提供一些小小的帮助。

当你在网上冲浪时，可以采取如下保护措施：

1.用杀毒软件保护电脑，及时更新软件。杀毒软件可以最大限度地保护电脑免遭病毒侵害。同时，病毒的发作就像每年的流感病毒一样，新的病毒和病毒变种不断产生，所以一定要保证有规律地升级杀毒软件，例如一周升级一次。

2.不要打开不明来源的邮件。收到了可疑的邮件，最好的处理办法是直接把整个邮件删除，包括其中的所有附件。即使知道邮件的发件人，对看起来有点奇怪或者预料之外收到的邮件，也要提高警惕。

3.使用较复杂的密码。在网络世界里，即使不把自己的密码告诉别人，"黑客"们也能利用一些手段对密码进行暴力破解，因此把密码尽量设置得复杂一些是绝没有坏处的。微软曾推出过一个密码强度测试软件，如果你有兴趣的话不妨试试看。

4.定期下载安全补丁并更新。有时程序漏洞会成为他人攻击你的电脑的切入点，因此经常去一些主流软件公司（如微软）的网站看看有没有发布最新安全补丁，及时更新软件也是保护电脑的有力措施之一。

如果选择网上购物，一定要选择那些信誉度比较高的网站，同时，也需要提高自己的鉴别能力，以免在购物的时候让网络骗子得手。

要学会抵制诱惑

"盼盼，你天天都把时间耗在网上，这怎么行呢？早知道会这样，当初就不应该给你买电脑。"妈妈看着盼盼整天卧在电脑旁边，活像一只懒猫，不由得抱怨起来。

"妈妈，我很快就可以到达终点了，你等一下啦。"盼盼在屏幕前目不转睛地点着她的祖玛。要说这实在是一种很有魔力的游戏，看上去那么幼稚和无聊——就是一个小蛤蟆打球的游戏，却让很多人都上瘾了，盼盼当然也不例外。她用了一个星期的时间，从第一关一直打到第十二关，眼看就剩最后一个关口没有突破，盼盼觉得自己是胜利在望了，所以格外努力。

妈妈看怎么都说不动她，只好一个人叹了口气，出去了。

最终盼盼没能通过第十二关，她略感扫兴，关上电脑站了起来，觉得头都是涨的。

去妈妈那里看看她是不是还在生气呢？盼盼悄悄溜进了妈妈的大屋里，假装一只小猫蹲在地上："喵呜……"

妈妈看她那副样子，觉得又好笑又可气，她拍拍旁边的凳子说："过来，坐这里来。"

盼盼乖乖地爬了上去，接下来免不了要接受一番"思想教育"。

"盼盼，妈妈很担心你的眼睛会坏掉。因为你坐在电脑前总是连续几个小时不动，那样不仅对眼睛的伤害很大，而且对颈椎也很不好。

而且，你算过自己耽误了多少时间吗？你现在的学习这样紧张，而每周却把大量的时间耗费在那些没有意义的游戏上。

这样浪费时间，你不觉得自己很空虚吗？拿这些时间做点儿别的事情，不是更有意义吗？"妈妈语重心长地对盼盼说。

盼盼也知道自己错了，郑重地点了点头。

♥ 妈妈告诉我

盼盼，随着电脑和因特网在中国的普及，中国人沉迷网络的现象令人担忧。中国青少年中沉迷网络的人数比例甚至超过了美国。有一位教授说，由于网络游戏的巨大利润以及政府鼓励市民进行高科技消费，中国人沉迷网络的情况可能会越来越严重。

但人还是要回到现实中，如果我们不能处理好网络与现实的关系，那么极可能出现种种问题。网络的积极作用不言而喻，但它是一把双刃剑，负面影响不容忽视。

我们为什么如此迷恋网络呢？因为在网络这个虚拟世界中，我们可以成为自己想成为的人，获得成功的机会远远高于现实生活，个人可以获得心理满足。在现实生活中获得成功，需要自身付出较大代价。而在网络的聊天活动、游戏中，较易获得虚拟的成功，从而能体验这种成功的喜悦。总体上说，网络对青春期女孩的危害主要有：第一，网络成了青春期女孩在虚拟世界感受、实现自我价值的场所，久而久之，她们就会逐渐疏远现实生活，变得越来越虚幻；第二，网络成了青春期女孩寻找精神寄托的场所，在现实中得不到满足，便在虚拟世界里沉沦，有的从聊天开始发展成网恋，有的甚至利用网络行骗；第三，网络成了青春期女孩寻找刺激的场所；第四，网络成为青春期女孩忘却生活烦恼的"防空洞"，生活不顺、时间没法打发时，她们首先想到的就是上网、玩游戏，有的甚至通宵达旦沉迷其中；第五，上网滋生开支的"黑洞"，极易诱发犯罪，盗窃、抢劫事件也在逐年快速增长。

为预防网络对身心的不利影响，建议在上网时注意以下几点：

1. 在平时的学习和生活中要树立健康的道德观和恋爱观。既然是学生，就应该将主要精力放在学习上，在课余时间可以多参加一些有益身心健康的活动。

2. 不要随意在网上结交朋友，更不能随意给人自己的地址，更不能轻率与网友约会。

3. 不要浏览黄色网站和其他不健康的网站。

4. 不要混迹于复杂的社交场所，尽量少在网吧上网。

5. 经常与家长或你所信赖的亲友、师长沟通，以求得他们的指点、开导。

6. 正常的上网浏览，每次最好不要超过半小时，一天最好不超过2小时。时间过长，不但影响视力，还会使颈椎、腰椎等出现问题。

7. 要学会区分网络社会与现实生活的界限，不能沉溺于网络的虚拟世界中，或将上网当作逃避生活问题的主要工具。

网络时代更多的是考验青少年的自制能力。聪明的女孩一定懂得如何把握自己，学会用正确的方法成为资讯时代的大赢家，而不是沦为网络的奴隶。

口吐烟圈的女孩很潇洒吗

最近看到玉梅变得越来越帅了：她把原本可爱的娃娃头剪成了酷酷的短发。她开始喜欢打篮球，投篮的样子无比帅气。她开始练习吉他，弹奏那些深沉忧郁的曲子。有一次，她穿着一件黑色的毛衣，佩戴着镶钻的十字架胸针，抱着吉他自弹自唱，真是帅呆了！那副样子引来了同学的欢呼。"玉梅变帅了，帅，是一种良好的自我体验，"看到玉梅的变化，蕾蕾做出由衷的评价，"玉梅的废话少了很多，沉默是金，这一点也让她看上去更帅了。"弄不好，蕾蕾要步玉梅的后尘呢。这几天，玉梅帅得更具体了：她开始练习抽烟，并且还在练习怎样把烟圈吐出好看的形状。

"呃……"不过蕾蕾知道这个消息后，不禁为自己的好朋友感到担忧，毕竟大家还是学生啊！玉梅这个女孩就爱赶时髦，下午还兴冲冲地跑过来，对蕾蕾说："我今天学会把烟圈吐成心的形状，我吐给你看看。"蕾蕾看着她娴熟地点烟，而潇洒地抽了一口，怡然地吐出她引以为豪的心形烟圈，而自己站在那里被迫地吸入了尼古丁。

"玉梅，抽烟感觉好吗?"蕾蕾想问问她的感受。"其实，挺呛人的，我不喜欢抽，"玉梅老老实实地回答，"只是好奇，试一试，以后不抽了，真的。"听到玉梅的这句话，蕾蕾才算是放心了。不过说真的，烟这种东西，玉梅从一开始就不应该碰的。记得以前蕾蕾听妈妈说过，吸烟对人体的危害很大，而且对周围人的健康也有不利的影响。

听说一支烟中所含的毒素有 1000 余种，蕾蕾怎么能忍心看着好朋友残害自己呢？"来，玉梅，也给我一支吧。"玉梅很诧异地望着她："蕾蕾，你怎么也抽烟呢？你会抽吗？"

"不会啊，可是我要陪你抽啊。我听妈妈说，人只要抽一支烟，就会少活一天。我们是这样好的朋友，怎么忍心看你一个人减短寿命呢？你要是少活一天，我怎么好意思多活一天呢？"

听了蕾蕾的一番解释，玉梅哈哈大笑："蕾蕾你放心，我从今天开始不抽了，那个东西既不好吃又不好喝。"玉梅决定不抽烟了，这真是一个令人无比高兴的消息。

❤ 妈妈告诉我

玉梅，当你决定不再抽烟时，妈妈也感到很欣慰，抽烟对人体的危害很大，而对于女孩，则危害更大。

由于时代的变迁，人们的审美观念也在不断地变化，吸烟逐渐成为一些女性心目中前卫的标志，似乎吸烟更容易使女性看起来显得"集成功和美丽于一身"，这其实是一个误区。

现代的医学研究表明：女性吸烟的危害很多，这种"玩酷"的代价是极其昂贵的：

1. 吸烟影响女孩的容貌。吸烟的女孩比不吸烟的女孩要显得更加衰老，吸烟的女孩比不吸烟的女孩皱纹要多出两倍，尤其是两个眼角、上下唇以及口部处的皱纹会明显增多。在吸烟的时候，烟草中的有害成分会不断地侵害血管，造成营养吸收障碍，从而使皮肤衰老，失去弹性和光泽。

2. 吸烟会使女孩的生育能力下降。事实上是这样的，吸烟的女孩将来更容易患不育症。曾经有一个统计显示，每天吸烟12支以上的孕妇流产率比不吸烟的孕妇要高一倍以上，而吸烟妇女的早产高发率是不吸烟妇女的两倍。不仅如此，吸烟还将使女性的绝经期平均提前3年。

3.吸烟会影响将来的胎儿。吸烟妇女的胎儿的畸形发生率是不吸烟妇女的2～3倍。此外，还有研究表明，孕期吸烟时对孩子的体格增长、智力发育和行为特征的影响至少延续到孩子11岁。吸烟使乳汁的分泌减少，尼古丁还可以随血液进入乳汁，这些都对婴儿的健康构成严重威胁。

4.吸烟的女孩更容易患心血管疾病。每天吸烟1～4支的妇女患中风的可能性比不吸烟的妇女要高1倍多。

5.吸烟的女孩将来得癌症的概率要更大一些。吸烟的女性患肺癌的可能性比不吸烟者高5.5倍，患乳腺癌的可能性比不吸烟者高40%，患宫颈癌的可能性比不吸烟者高14倍，患卵巢癌的可能性比不吸烟者要高出28倍。

玉梅，当你明白了这些道理之后，妈妈希望你把这些道理告诉给更多的人，希望大家都不要再吸烟。因为吸烟一旦上瘾，再戒掉就很难了。

我也想"叛逆"一回

都说青春期是女孩们的"叛逆期"，但是妈妈觉得宣萱一点儿也不叛逆，是个乖孩子。眼见着周围的同学一个个都"叛逆"起来了，宣萱也感到有点奇怪，为什么自己就不叛逆呢？

平常在家里，只要是老爸老妈的吩咐，宣萱一定会老老实实地去做。所以，同学们常常笑她说："宣萱，你是班上唯一幸存的乖乖女了。"

实际上，宣萱并非不想叛逆，只是老爸老妈的教育方式很民主，不管什么事情都会设身处地地替她想一想，所以即便是宣萱想叛逆也没有机会啊。

不过这段时间老妈对宣萱的要求有点严，为什么呢？因为她觉得宣萱的英语成绩一直都不好，所以给宣萱定了一个计划，要在下次考试有大的起色才行，同时还给她报了英语补习辅导班。宣萱不喜欢学英语，更不想上什么英语课，心里暗想这次自己一定要找机会"叛逆"一次。

周五的晚上，妈妈对她说："宣萱，我们明天去上英语辅导班。"

宣萱听了之后，当然不愿意了："我不想去。""你的英语成绩本来就不好，再不补习一下，肯定会落在同学后面了。"妈妈耐心地对她说。"我说不去就不去，懒得去上学。好不容易周末休息。"这大概是宣萱第一次拒绝妈妈的安排吧。

宣萱的一反常态也让妈妈感到有些吃惊，不过她没有着急，而是和气地问道："为什么不想去呢？你有什么想法，和妈妈说说好吗？"老妈使出了"以柔克刚"的高招，让宣萱实在招架不住。

"妈妈，我一周休息两天，如果把时间都用来上英语课，我就没有时间安排自己的事情了。那样会很累的。""嗯，你要是不说我还真没有注意。那这样好不好，我们一周就上一天，好吗？另一天留给你自己休息。"妈妈试探着和宣萱商量。"好。"宣萱爽快地答应了。偶尔"叛逆"了一下，其实没有想象中那样好玩。宣萱决定，以后还是要做"乖乖女"。

♥ 妈妈告诉我

宣萱，你的偶尔"叛逆"是很正常的事情，我虽不能说为你的"叛逆"高兴，但我很理解你想要"叛逆"的心情。

现在的你正处于"心理断乳期"的关键时刻，所以你或多或少会产生一些独立倾向。处在这个阶段的你虽然情感起伏不大，自己却难以驾驭。当你有了喜怒哀乐，不但不愿意向爸爸妈妈吐露，甚至要埋怨我们不理解你。如果我处置不当，对你的看法予以否决的话，一定会增加你的反抗情绪。

所以，我只好采取了一种"和平协议"的方式来应对你这个小叛逆。

看到你的情绪稳定了，妈妈就稍稍松了一口气。

宣萱，虽然说你现在已经长大了，开始有自己的想法了，不过妈妈还是希望你能够直接和我表露自己的心声，明确地告诉我对于一件事情你想怎么做。如果你不说的话，我和爸爸肯定无法猜透你的内心想法。所以有想法一定要大胆地说出来，只要你的想法是合理的，妈妈就会尊重你的选择。

坚决拒绝尝试"刺激药片"

最近在全校范围内开展"拒绝毒品，珍爱生命"的主题活动。"毒品是什么？"依风一脸的疑惑。"哈哈哈！现在居然还有不知道毒品的人，你实在是太OUT了。"乐乐卖力嘲笑依风的无知。"我真的不知道，"被乐乐这样一嘲笑，依风更困惑了，"那你说说，毒品是什么?""我也不是特别清楚,我只知道要拒绝接触毒品。不过最近学校在组织活动,会在信息栏上贴很多关于毒品的照片,我们去看一下就认识毒品的危害啦。"乐乐说道。"那好,我们一起下去看看吧。"说着,依风和乐乐一起结伴去学习毒品知识了。

💗妈妈告诉我

依风,对于毒品,用"白色瘟疫""生命毒剂""头号杀手"这些表述都不为过。毒品,不但是摧残肉体、销蚀灵魂、毁灭家庭的恶魔,更是严重危害社会治安、践踏人类文明的世界公敌。在吸毒者中,80%有违法犯罪行为。在生活中,犯罪分子会利用以下招数来诱惑青春期女孩:

1.谎称"吸一两次毒品不会上瘾"。

2."免费尝试"。使人上瘾后,再高价出售毒品。

3.谎称"吸毒治病"。

4.谎称"吸毒可以炫耀财富,现在有钱人都吸毒"。

5.利用女孩爱美之心,编造"吸毒可以减肥"的谎话。

处于青春期懵懂的女孩,对于毒品,一定要提高警惕,辨别来自外界的诱惑因素,并充分认识毒品的危害,珍视自己的生命,提高抵御毒品的能力。

1.不要有任何好奇心,不要以身试毒。以身试毒必然要付出惨痛代价。

2.绝不抱侥幸心理,绝不要尝试"第一次"。

3.不结交有吸毒、贩毒行为的人,慎交朋友。遇有亲友吸毒,一要劝阻,二要回避,三要举报。

4. 远离毒品场所，严防毒品侵害。不要在吸毒场所停留，不做被动吸毒者。

5. 不要听信吸毒是"高级享受"的谎言。吸毒一口，痛苦一生。

6. 不要接受吸毒者的香烟或饮料，因为他们可能会诱骗你吸毒。

7. 不要听信毒品能治病的谎言，吸毒只会摧残身体，根本不可能治病。

8. 不要盲目追求感官的刺激。许多年轻女孩就是因为空虚，追求刺激而走上吸毒道路的。"吸食毒品犹如玩火"，酿成恶果追悔莫及。

9. 不要因为遇到不顺心的事而以吸毒消愁解闷。要勇敢面对失学、失恋等人生挫折。

对于自制力还比较差的青少年来说，青春的力量逼人而来，似乎具有不可抗拒的魔力，如果没有正确的认知、理智的控制，很容易成为自己冲动和欲望的奴隶，过早地尝试一些本不应该尝试的行为，一失足成千古恨。而面对毒品，一定要坚决地说"不"，不要让毒品有任何接近自己的机会。在这方面，理智的自制能力，尤为重要。

不参与低级趣味的娱乐活动

"最近小枫在看什么好书，看得那么入迷？"一贯琐碎的小枫近来变得不爱说话了，这引起了朋友们的好奇。只见小枫手里捧着一本装帧精美的小说，跟大家说："我在看一本很好看的书。"说完，把书的封皮在同学的眼前一亮：《和校花在一起的幸福日子》。

"你们想看吗？等我看完了，就借给你们。"小枫对大家说道。大家都为小枫的行动之"光明正大"所"折服"，如此低级趣味的书，竟然大张旗鼓地拿到班上来，不怕老师没收啊！

♥ 妈妈告诉我

小枫，妈妈想劝你远离那些没有内涵甚至低级趣味的图书。所谓"低级趣味"，就是与文化、文明、道德相悖的趣味。譬如，饭桌上讲黄段子，用手机发黄色短信，就是低级趣味。

再如举办接吻大赛、鼾声大赛、喝酒大赛等，也属低级趣味。虽然确实热闹非凡，新闻效应不错；但你只要稍加留意，就会发现，参赛者绝不会有高雅之士，围观者也尽为无聊闲人，举办的地方又多是缺乏文化氛围的地方。

某些报纸也总追求"低级趣味"，譬如特别钟情于明星绯闻，明星的红杏出墙，明星的移情别恋，写得津津有味、绘声绘色，甚至不惜捕风捉影、道听途说，将子虚乌有的事情写得栩栩如生。这样做，据说是为了满足某些乐于"低级趣味"的人。

在生活中我们面临着太多的诱惑，低级趣味的娱乐活动就是其中的一个。当你与之遭遇时，一定要坚决抵制。如果有不好的朋友请你去一些不健康的娱乐场所，你应态度坚定地拒绝。平时的课余活动安排，可以采用读书、画画、郊游等活动方式，多与道德高尚的人接触，以他们为楷模，"谈笑有鸿儒，往来无白丁"，久而久之，耳濡目染，自己也会近朱者赤，逐渐变得谈吐文雅、举止文明、行为高尚，成为一个情趣高雅有品位的人。要从现在开始就做一个"脱离低级趣味"的人，对低级趣味活动做到不听、不看、不参与，从思想上筑道"防火墙"，加强对自己的保护。

该和什么样的人成为朋友呢

　　雪松说她新从社会上认识了一个朋友，大家都替她感到高兴。因为雪松的朋友也是大家的朋友，交友范围又可以扩大了。而且听雪松介绍说，那个女孩特别会打扮，喜欢时尚。大家都一个劲儿地叮嘱雪松，一定要让她们都见见这个新朋友，雪松豪爽地答应了。

　　一个周日的下午，雪松邀请大家一起去蛋糕店，那个时尚女孩也如约而至，雪松热情地向大家介绍。"萝莉来了，这些都是我的好朋友。"雪松把她的这些朋友们都介绍给了萝莉。"Hello。"萝莉做了一个时髦的手势向所有的人打招呼，然后大家一起亲切地交谈起来。

　　在谈话的过程中，雪松的好朋友中有人很敏感地意识到这个"萝莉"有可能是个不良少年。因为她刚坐下，就开始介绍她昨天的经历，什么和人去蹦迪啦，晚上又跟人熬了通宵啦，今天刚刚睡醒就来认识我们啦之类，不知是否在炫耀她的朋友很多、她的个人魅力很大呢？

　　但是，根据她说话的内容可以判断出来，大部分时间都是在消磨时光。只是这个习惯于以貌取人的雪松，应该是被萝莉的时尚外表蒙蔽了吧。朋友们从心里有点替她着急。

　　"等哪天咱们找个时间，我带你们去打保龄球吧，没关系，我认识的一个哥们是开球馆的。"这个萝莉大方地对大家说。雪松一脸的兴奋，这个新朋友大大地满足了她的虚荣心，她说道："好呀，我们还从来没有玩过呢。"而雪松的朋友们却都默不作声。和那个"萝莉"说再见之后，雪松的几个好伙伴就在一起相互合计："这个女孩和雪松才见面不久，为什么对我们这么大方呢？她一直没有上学而在社会上混，又认识这么多三教九流的人物，肯定是个复杂的人。回来我们要提醒一下雪松。""嗯，我也这么认为。不过也说不定那个萝莉是个好人呢，不过给我的感觉不好。我想我们还是委婉地提醒一下雪松，让她不要上当才好。"对于这个萝莉，大家都商量好了对策，准备找个好时机劝劝雪松。

♥ 妈妈告诉我

雪松，喜爱交朋友是青少年的普遍特点。这样有助于扩宽我们的生存空间，也有益于在学习生活中相互帮助、取长补短、增进友谊。可是，如果万一不慎与思想品德不好的人结为朋友，则会身受其害，到那时也许就后悔莫及了。

不论是谁，在一生当中都要结交一些朋友，而交什么样的朋友，对自身的发展来说至关重要。常言道，近朱者赤，近墨者黑，如果我们的朋友是比自己更优秀的人，那么我们也会变得更优秀。

朋友就像书籍一样，好的朋友不仅是我们的伙伴，也是我们的老师。在交朋友的时候，一定要重视她的品行，如果是一个品格不好的人，即便有十八般武艺我们也要敬而远之。正如孔子所说："友直，友谅，友多闻。"如果你想让自己变得更优秀，就一定要交比自己更优秀的朋友，通过这样的方法不断刺激自己力争上游。我们在生活中会遇到形形色色的人，所以要练就一双火眼金睛，在对朋友友善的同时也要有一点儿防备之心，正所谓"交浅不言深""与人只说三分话，未可全抛一片心"。对于和我们还不是很熟悉的朋友，也不要完全地相信她。对于新认识的人，如果不好判定她是否值得交往，一定要征求父母长辈的意见，并且和最亲近的朋友商量商量。最好的方式是认识她周围的人，这样才能更客观地了解她。在与朋友交往的过程中要尽量减少自己感情上的喜恶，要以客观的态度看待事和人。

那么，怎样防止自己在交友过程中，误中坏人的圈套呢？关键是在初次交往的时候，要注意听其言、观其行，认真识别对方道德品质的好坏。如果觉得对方的人品不端，那就不妨敬而远之，避免继续往来；即便不得不往来，也要有所警觉，不要发展成为"深交"。倘若认不准对方的情况，则可以从侧面继续了解。一般说来，同班、同级的学生和经常往来的近邻，互相都很熟悉，只要自己有端正的伦理道德标准，明确是非观念，在上述伙伴中择友，通常是不会选错的。还需要注意的是，交友的范围不宜扩大到社会上去。

我们在与人交朋友的时候，一定要切记真诚待人，多关心对方，多了解对方。结交朋友不论贵贱，而且与智商完全没有关系。

当然，我们也有可能遇到不好的朋友，甚至会因为结交朋友而上当受骗，对此，我们自己要能够合理防备，也不要对于交朋友有抵触心理，因噎废食。

躲开那些不靠谱的"江湖术"

最近，娜娜的班上特别流行用星座理论来算命，比如千琴对此就尤为投入。作为千琴的好朋友，娜娜太了解她的变化了，自从千琴开始研究星座之后，逢人就免不了问一句："你是什么星座的？""千琴，星座很有趣，随便玩一玩乐一乐就行了，你真的把它当成学问来研究吗？"娜娜含蓄而委婉地劝说道。

千琴新买了一个文件夹，把她研究的资料整理好，小心翼翼地放在里面存档，有"四十八星区图""十二星座谱""星座与血型对照"，反正让人感觉比较崩溃。

"娜娜，你听我说，星座这个东西，它是有科学依据的，根据我的研究，是这样的一个情况。"千琴极力纠正娜娜对于星座的错误认识，企图使娜娜以"科学"的高度来解读星座，"你看，人在不同的月份降生的时候，由于这个月的星座与地球有特殊的磁场关系，人就受到了辐射，从而带上了星座的个性，所以不同星座的人个性都很鲜明。"千琴根据这一重大理论，发现星座中有很多值得研究的内容，从此一发不可收拾，成了地地道道的星座教主，同学们经常听到她的讲演："星座是在人类的天文地理知识极大丰富之后才有的理论，可以说是人类文明不断发展的产物，星座占卜的最初目的，是根据人们出世时行星和黄道十二宫的位置，来预测他们一生的命运。后来以此发展成为几个分支，一种是专门研究重大的天象（如日食或春分点的出现）和人类的关系，叫作总体占星术；另一种是选择行动的吉祥时刻，叫作择时占星术；还有一种叫作决疑占星术，根据求卜者提问时的天象回答他的问题……

"但是还有一点我不明白，就是星座理论中所谓的幸运日、幸运数和幸运颜色是怎么来的，我一定坚持研究下去。"唉！这个千琴，娜娜真服了她。

妈妈告诉我

千琴，一般而言，人们都希望能够预知自己的未来，还希望自己现在所做的事情能够得到外力的积极帮助，迷信活动运用的便是这种心理，而同学之间玩的"扑克算命""看手相"也是这种心理的一种反映。玩而不信算不上是迷信活动。但是如果已经到了痴迷的地步，那就很有可能迷信上了。

迷信活动不仅荒诞，而且对青春期女孩的成长是极为不利的。

1.影响青春期女孩心理健康正常的发育。

青春期女孩的心理尚未完全成熟，正处在发展的过程之中，而热衷于迷信活动很容易导致心理负荷和承受能力之间的平衡失调，甚至产生一些心理偏差。如果卜算的结果不好，就有可能对女孩造成不好的心理暗示，长此以往，肯定是不利的。成长过程中的女孩如果碰到了困难和挫折而没有得到正确引导，就极容易受到各种迷信活动的影响，轻信荒唐的迷信预言。

还有一些迷信活动的过程和结果会使女孩长期产生惧怕感，比如很多学生中盛传一种叫作"笔仙"的游戏，关于请笔仙预言等玄而又玄的传说，往往使参加者精神上变得疑神疑鬼，产生一些心理阴影，甚至出现精神恍惚或精神分裂。

2.参加迷信活动不利于青春期女孩树立正确的人生观。

如果一切都是命中注定，那我们还有什么必要努力进取呢？只要坐享其成就可以了，我们也不用整天辛苦地背书考试，因为命里注定考试过不了，所以背了也是白背。这些观点不是很可笑吗？

青春期女孩缺乏足够的鉴别能力，而且心理承受力尤其脆弱，如果经常接触这些迷信活动，很容易在碰到挫折的时候为自己找借口——一切都是命运的安排。导致逃避责任和不敢面对困难，不思上进，完全把希望寄托在荒诞的猜测上，将整个人生建立在虚幻的运程上，陷入唯心主义和命定论的泥潭而不能自拔。长此以往，必将形成错误的世界观和消极的人生观。

3. 热衷于迷信活动一定会影响到正常的学习生活。

大多流行于学生中的迷信活动都具有刺激性、神秘性、交流性和娱乐性，这些迷信所带有的明显特征恰恰契合了青春期女孩好奇心强、寻求刺激的特点，加之自控能力差，很容易沉湎其中，甚至对于迷信的一些东西非常熟悉，迷信的东西比科普知识还要普及。迷信思想也会误导学生作弊，因为她们看了《十二星座学生作弊指数》对"作弊指数"的分析说："双子座：作弊指数90％。作弊对于双子座来说，简直是家常便饭，而且作弊时绝对没有一点儿犯罪感……"如此这样的迷信理论堂而皇之地被学生们津津乐道，无疑会对学生的正常学习活动产生严重的影响，也会败坏校园健康向上的学习风气。

4. 迷信活动也会给社会治安带来隐患。

在生活中，我们偶尔会听到一些由于迷信上当受骗的案例，社会上利用封建迷信扰乱社会治安的事情也时有发生，这足以引起我们的重视。作为一名学生，我们不应该传播或参与封建迷信活动，因为我们的是非观还未完全建立，而且我们还在求学阶段，还有更重要的事情要做，对吗？正常的宗教活动与骗人的迷信活动的主要区别是：后者是以骗人、坑人钱财为主要目的的，甚至会有意触犯法律。因此，即便是最虔诚的宗教人士也会对迷信活动加以抵抗反对的，我们就更不应该相信了，你说是不是呢？

远离赌博，警惕赌性

幼男正和周围的几个好朋友在一起打扑克，玩得不亦乐乎。"幼男，你来洗牌吧，这把牌你赢了，"牌友说道，"赢了不洗牌，死了没人埋。"幼男听了之后，乐呵呵地洗牌，然后发牌。不知大家玩了多久，梦梦进来了："好啊，聚众赌博啊!"

"什么聚众赌博，我们又没玩赢钱的？说话真难听!"幼男急忙纠正梦梦的不当用词。

"我们正好三缺一，要不要和我们一起啊?"幼男企图拉梦梦"下水"。"好啊。"梦梦听了之后欣然接受了邀请，大家愉快地在一起继续玩。

♥ 妈妈告诉我

幼男，俗语说得好："赌博赌博，越赌越薄。"可就是这么一个让人越来越"薄"的"赌"，却使一些孩子走向了歧途。因此，青春期女孩有必要认识清楚赌博的危害。赌博是以扑克、麻将等工具，用财物作赌注争输赢的行为。目前，在青少年之中，这种不良行为具有很高的发生率。而青少年赌博的危害性极大，这是毫无疑问的。

赌博会导致学习成绩下降，并会诱发失眠、神经衰弱、记忆力下降等症状，造成心理素质、道德品质下降，伴随而来的是社会责任感、耻辱感、自尊心等受到严重削弱，更严重的是赌博还会导致违法犯罪，现实生活中有许多青少年因为赌博引起暴力犯罪。

麻将桌旁发生的一则则悲喜剧说明对麻将的成瘾完全不亚于吸毒。南方某城市的麻将桌上发生过这样的事：由于两人输了要扳回来，另外两人赢了还想再多赢一些，结果，两夜三天的鏖战使一人因中风死亡，一人因憋尿而死，还有一人因中风而半身不遂。

那么，陷入赌博中的问题女孩该如何与赌博说再见呢？

首先应该清晰地认识到赌博的危害性。寻找其他更为丰富的娱乐活动，比如钓鱼、看书、打球等，以代替赌博这种娱乐活动。

其次应该认识到十赌九输的特点。不要抱有侥幸心理，输了别想去捞回，赢了不要还想赢。平时生活中避免出现在任何赌博场合，培养其他可取代赌博的嗜好，打消赌博的念头。可以选择定时做运动（如缓步跑）及学习松弛的技巧（如冥想或瑜伽），或进行休闲活动（如听音乐、与朋友逛街），借此驱走闷气，舒缓紧张的情绪。

赌博是一种习惯性行为，戒除赌博并非是容易的事情，但如果你拥有坚定的意志，就一定能够克服赌博问题。青春期女孩正处于身体和心理成长的关键时期，人生中很多良好的习惯和性格的养成都是在这时候打下基础的。对于这一时期的少女来说，健康趣味的养成会成为自身一种无形资本，并会使其在以后的人生中受益无穷。

"追星"让我欢喜让我愁

寒寒是××明星的疯狂崇拜者，她每天都哼着××的歌，××仿佛成了她生活的全部。在寒寒小小的卧室中贴满了××的海报，她的铅笔盒里都是××的大头贴。甚至在她的衣服上，都彩绘上××的靓照。

对于寒寒的这种过激行为，同伴们常常在一起旁敲侧击，但是寒寒并不以为然，执着地爱着她心目中的星星。

最近听说××又闹绯闻了，交了一个新的女朋友，寒寒好伤心，她对周围的好朋友们说："××的那个女朋友，究竟哪一点好嘛！我看不出来。如果是我做他的女朋友，肯定比那个家伙要好。"寒寒的豪言壮语把同伴们逗得前仰后合。

每当小报上报道了关于××的新闻，寒寒绝对会在第一时间向大家播报，××的所有情况都牵动着寒寒的心，她甚至开始计划攒钱，梦想着有一天坐飞机去很远的地方看望。寒寒心想："××，也许我的学习成绩并不是最好的，但是我向你保证我是最爱你的。"

真有一次，××来到当地巡演，寒寒不惜花大价钱买了VIP的坐票去看演出。那天突然下起了倾盆大雨，却丝毫不影响寒寒去看演出的兴致。回来的时候同伴们看她全身都湿透了，不知道是汗水、雨水还是泪水。其实××的歌很多人也都喜欢听，但是并不像寒寒那般崇拜到了着魔的地步，简直是一种病态。

💜 妈妈告诉我

寒寒，其实，在大多数父母看来，孩子追星可以，但是要有个度，超过了底线的疯狂崇拜就不是什么好现象。并且最重要的一点是，不应该完全将明星作为"精神支柱"，把明星看作自己的"神"。这样长久下去，必然会对未来失去方向，甚至会因为不理智而发生惨剧。十几年前，刘德华的歌迷杨丽娟为了见他，不惜让自己的父亲卖肾筹钱。杨丽娟疯狂迷恋刘德华，父母不但没有发现女儿的问题，反而还支持女儿追星，一家人都为"星"狂。当杨丽娟的追星程度越加疯狂时，她已经陷入妄想症的深渊不能自拔。她认为地位、权势比她高的人也会喜欢她，而且认为刘德华也喜欢她。杨丽娟为了完成这个心愿，不惜一切代价。

这种错误的崇拜最终导致了整个家庭的破灭。

羡慕和崇拜名人并没有错，这是女孩普遍的心理，要知道成长本身就始于崇拜。但是由于缺乏自制力和辨别能力，女孩对名人的崇拜往往会陷入一种盲目，只看到名人表面上的光环，而迷失了自我的境地。如果一个女孩沉湎于对明星的追逐和依恋当中不能自拔，一味关注明星们的漂亮外表或八卦绯闻，关注他们的名声或收入，这样只会耽误了自己学习和进步的时间。

　　女孩崇拜明星并不一定是件坏事，最重要的是要让她知道如何崇拜才最正确。如果能看到明星们最杰出的地方，学习明星的精神或优点，并与自己的实际联系起来，确定自己的奋斗目标，那崇拜明星就是挺好的教育机会。正如一位女中学生在评价刘德华时所说："刘德华不止歌唱得好、戏演得好，而且还热心为社会服务。他非常关心我们的学业，常常要我们把成绩表拿给他看，鼓励我们把书读好。所以，我崇拜他，学习他，让自己变得更好。"除此之外，女孩们还要明白的是，每一位明星的背后都有我们看不见的努力。

第四章

情窦初开时的甜与酸

越来越爱照镜子了

如果秋珊要一个人到野外去生存，随身必带的东西一定会是镜子。镜子是秋珊最亲密的伙伴，话说爱美之心人皆有之，秋珊当然不例外。只不过，秋珊最近有点过分地爱照镜子了，有的时候会因为照镜子的时间太长而耽误上学的时间。

就拿今天早上来说吧，秋珊在洗脸的时候，发现在额头上长了一颗痘痘，天啊！这怎么得了！秋珊灵机一动，决定把刘海梳下来，这样一修理，就可以把痘痘隐藏在头发里面了。

等秋珊把刘海梳好以后，又照一下自己的新形象，哎，这样一点儿也不好看，本来自己的脸就是圆圆的，这样一弄之后就变得更圆了，活像一个樱桃小丸子。不行，这个样子绝对不行，到了学校会被同学笑死的。要不，还是把额头上的那颗痘痘露出来算了……

就这样，秋珊对着镜子左照照，右照照，直到妈妈过来喊她："秋珊，你在里面已经待了十多分钟，快点儿出来，难道你不去上学了吗？"妈妈的话提醒了秋珊，差点忘记要去上课！秋珊只好依依不舍地离开了镜子。到了学校，上课的时候，秋珊依然惦记着自己额头上的那颗"小痘痘"，于是索性掏出随身携带的小镜子仔细地"端详"它，不知什么时候，老师来到了她的身边。

"秋珊，把镜子给我。"老师严厉地批评了秋珊，并且毫不留情地没收了她心爱的镜子。唉！这些都是照镜子惹的祸。可是尽管这样，秋珊还是对照镜子特别的热衷，说真的，要是没有什么特别的"干扰"，秋珊保守估计，自己可以在镜子面前照上半个小时。

秋珊是如此爱照镜子，以至于老妈经常会半开玩笑地对她说："以后你就挎着镜子出门吧，走到哪里都可以照。"呵呵，这倒是一个挺好的主意呢，就是有点太沉了。不过，秋珊的心里也在嘀咕，是不是爱照镜子也是一种怪癖呢？

💜 妈妈告诉我

秋珊，是正处在青春发育期的女孩。爱照镜子并不是什么大问题，但是任何行为都要有一个"度"。

俗话说：女大十八变，越变越好看。爱美也是要有一个限度的，这也就是对环境的适应。你本身就有着青春期的自然美，每天只要干净整齐地去上学，就已经很美了。即便不去照镜子，你的美丽也绝不会跑掉的；而你不停地照镜子，也不会为你的美"加分"。

如果是因为照镜子浪费了许多时间，分散了学习精力，又在不适当的场合照镜子而受到非议，不仅会影响你的学习，也容易让别人对你产生偏见，这就会让你的公众形象"减分"了，你说这样是不是很不值得呀？妈妈建议你今后早上梳洗完毕后，就不要带镜子去学校了。

青春期的女孩容易出现情绪上的不稳定，而且可能安全感比较低，或者对自己的某些缺点、劣势、幼稚等存在着担忧，这才是总爱照镜子的真正原因。但只靠照镜子，并不能帮助你走向成熟，反而更显得你不自信和幼稚，所以，你必须积极调整自己的行为。有许多办法可以让你不心慌，变得镇定和成熟起来。

有照镜子的工夫，不妨试试做下列活动：与同学聊天，参加体育、文娱活动，听音乐，朗读你喜欢的诗歌或小说；在课堂上专心听讲，认真做笔记，积极回答问题……

对于周围的其他女生，你应该多多观察，为什么别人不会像你一样那么爱照镜子？应多与同学交谈沟通，同学都会给你帮助，同时你也要多关心同学和伙伴的喜怒哀乐，为集体、同学做一些自己力所能及的事情，这会使你感到快乐和满足。

一个人要走向独立，就必须在同龄人群体中找到自己的位置，只有这样才能摆脱不自信的状态。"青年心理学"中有一个理论认为：同龄人团体是青少年"心理断乳期"的"哺乳室"；也就是说，同学和伙伴会告诉你怎样变得自信和自强。而"镜子"不会说话，并不能做你的"心理奶瓶"，反而会加重你的心理负担。"以人为镜"，才是你的唯一出路。

为什么喜欢在男孩面前大声说话

夏瑶本来就是一个喜爱炫耀的女孩，只是如果有男孩子在旁边，她会炫耀得更厉害。有一次夏瑶和几个女孩围在一起说话，有一个男同学坐在了离她们不远的地方。这时夏瑶故意抬高了自己的声调："你们看爸爸新给我买的镯子好看吗？是翡翠的呢。"夏瑶一边说一边用眼睛瞟了一下旁边的男同学。"你们知道吗？翡翠分为好多种呢，有ABCD四种货，爸爸给我买的是 A 货，纯天然没有经过人为加工的，所以很珍贵。"夏瑶用她的大嗓门继续说道。

"真的很漂亮呢。"一个同学在旁边夸奖道。"哼，市场上卖的好多翡翠都是不值钱的，我一眼就能看出来。"夏瑶得意地炫耀。这时，坐在她们旁边的那个男孩子走了。夏瑶一下失去了刚才的亢奋。

♥妈妈告诉我

现在的时代变化很大，女孩子不再像从前那样被要求"笑不露齿"或只能文静、柔弱了，她们和男孩子一样渴望能更多地探索这个世界、了解这个世界，也在与很多男孩子共同的学习、生活中发现他们身上的很多优点。比如：勇于冒险、敢于尝试、兴趣广泛、知识丰富，又比较开朗大度，和男孩子在一起能避免很多女孩子之间的小冲突、小矛盾，没有那么多斤斤计较，"小心眼"的麻烦。所以，很多性格比较外向、活泼开朗的女孩子常常喜欢和男孩子在一起玩。

到了青春期以后，也会有女孩子"一反常态"地喜欢在男孩子面前表现自己。比如，当有男孩子在场的时候，会特别注意自己的发型、衣着，会有意大声说话或者说些自认为很深奥、很吸引人的话题，或者大声唱歌、扭动着身体走来走去等。其实，这与男孩子调皮捣蛋、出洋相一样，是为了吸引异性，尤其是自己喜欢的异性的注意。

老师说我们进入了"危险年龄"

小丝的老师在卫生课上讲过：青春期是女孩在成长过程中的一段"危险年龄"。为什么这样说呢？

因为，首先，在进入青春期之后，很多同学的思想、情感和性意识开始萌动，但是又非常的不成熟，还不能很好地分辨是非、分清优劣，容易受到周围的人和环境的影响。一旦遭遇到不良的引导和蛊惑，很容易会接受错误的观点。

其次，进入青春期之后的女孩会出现越来越强烈的独立意识，使女孩的逆反心理加强。在小丝的班上就有很多同学不愿意接受爸爸妈妈的管教，也不愿意与他们多交流，暴露自己的思想，甚至故意违背父母的意愿以示"反抗"，或者以"隐私"为借口拒绝大人的指导和帮助。

女孩觉得自己长大了，总会时不时地自以为是，所以说进入了"危险年龄"。因为，一个涉世未深的孩子，本来对是非善恶没有太强的辨别能力，如果不愿意听从父母长辈的教导，那将是一件危险的事情。

在小丝的同学当中就有这样的，他们什么事情都不愿意和父母沟通，认为父母太唠叨，认为父母的观念过时了，认为父母过多的管束制约了他们的成长，这样的同学大部分比较易怒，甚至在晚上彻夜不回家，家长都不知道他们去了哪里。

不过还好，小丝一般不怎么发脾气，她觉得自己有一个好妈妈，能在生活上给自己很多的帮助和指导，小丝感谢她都来不及，怎么可能发脾气呢？

❤ 妈妈告诉我

小丝，很多女孩都会有这样的体验，进入了青春期就不再做"乖乖女"。青春期的情绪，有时像一轮冉冉升起的朝阳，总是充满着无限的活力、希望和快乐；有时又像一艘难以驾驭的航行在茫茫大海上的一艘船，随时都有遭遇风暴袭击的危险。很多女孩子进入青春期后不仅身体见长，脾气也见长，言语和行为上都有很大的改变，常常不讲道理地乱发脾气。难以驾驭的情绪变化、冲动易怒的脾气和随之而来的烦闷心情，这不正是处于青春期的女孩们最典型的情绪特征吗？

从生理上来说，据国内外专家的研究，青少年性激素的分泌，比其性发育前增长了8～16倍。成长的加速度就是一种"生理能量"，同时，有些孩子的神经系统本来就属于"强型"，例如，心理学中所说的"胆汁质"或"多血质"的气质类型，当然就更是"不由自主"地容易冲动了。

从心理特征上来看，孩子进入青春期以后，成人感和独立意识渐渐成熟，所以这个时期的孩子们总是想在自己的事情上自己做主，想得到别人的理解和尊重。与此同时，日渐多元的社会文化和时尚观念无时无刻不吸引着成长中的女孩们。她们渴望参与精彩的社会生活，期望体验各种时髦的东西，常常会与父母、老师"对着干"。

一方面，"生理能量"如果没有健康的释放渠道，就可能转化为一种"心理行为能量"，正如平日所说的，"有劲儿没处使"，这种能力释放的破坏作用是非常危险的。冲动易怒、脾气暴躁是一种极其消极的情绪，这不仅对个人的身体健康、个性培养不利，而且会对身边的朋友、亲人造成伤害，走向社会后更是影响着人际关系，影响着一个人的进步和成才。

为什么会莫名其妙地多愁善感

涵涵这几天就像是一只病歪歪的小动物，变得不像从前那样爱笑了。奇怪，一向阳光的涵涵怎么突然抑郁了呢？是不是出了什么事情？"涵涵，看你不是很高兴，你没什么事情吧？"同学蕾蕾关切地问她。涵涵被蕾蕾这么一问，实话实说了："我最近一直都挺好的，什么事情也没有发生。最近我在听电子音乐，都是很苍凉的那种，听上去很有沉重的感觉，可能是因为这个原因吧。"确实，音乐能够改变一个人的情绪，看来涵涵的忧郁不是不正常的现象。听涵涵这样一解释，蕾蕾松了一口气。

"其实涵涵，你可以试着听听乡村音乐，那个调子比较欢快。"蕾蕾提出了建议。"我也有很多调子轻快的音乐，只不过沉重的音乐听起来更有感觉。"涵涵向蕾蕾解释说。

蕾蕾记得以前妈妈曾经教育过她"年轻人不可以有衰丧气"。正因为年轻，所以才应该是朝气勃勃的，如果一个年轻人总是暮气沉沉的样子，那是很不好的。所以，蕾蕾也习惯了高兴的样子，后来发现，一个习惯真的可以形成一种性格，一旦习惯了高兴，人就看上去很开朗。

蕾蕾觉得莫名其妙的多愁善感，会给周围的人造成压力。希望涵涵努力做个快乐的人吧。

♥ 妈妈告诉我

林黛玉是忧郁的，也是美的，但是正是她的忧郁美，害得她在如花的年龄里过早地离开人世，留给后人无限的惋惜。

忧郁不只是文学作品里有，现实生活中，忧郁似乎更是如影随形。根据世界卫生组织的研究发现，平均每一百人中就有 3 人罹患忧郁症，其中因为忧郁症而带来身体疾病，甚至自我毁灭的例子比比皆是。继癌症、艾滋病后，忧郁症已成为世纪三大疾病之一。

很多女孩当遇到学业退步，与朋友吵架、和家人有冲突时，都很容易有疏离感而导致忧郁。多数忧郁的女孩，或多或少会在言语、行动上流露出蛛丝马迹，例如，觉得"我觉得没什么未来""生活不可能好起来了"；严重的甚至有"活着没意思""我不会再烦你了""没有我，你们会过得更好""我很希望一觉就不再醒来"。所以，当女孩出现突然写信、把心爱的东西送走、告诉朋友师长绝望想放弃的感觉、有自伤的行为、对药物或武器的来源突然感兴趣等状况，就有可能走入自我伤害的歧途。

抑郁症在西方社会被称为"精神上的流行性感冒"，其传播范围之广，受其影响之容易，可以从"流感"二字看出来。在东方社会，抑郁症也不少见，尤其是中国人，性格内向，往往不愿暴露真实想法，宁愿被抑郁情绪折磨，也不愿找精神病专家进行心理咨询。如此发展下去，可由抑郁情绪跨入抑郁症患者的行列，有的人更是以自杀了结。

忧郁是成功之路上最不受欢迎的敌人，它是悲观的孪生姐妹。一个人整天沉浸在忧郁的阴影中，还有什么乐观、积极向上的心态去追求成功呢？

忧郁是一道无形的网，它不仅网住了你的思想，还网住了你的行动。如果你心中梦想的是成功，那么请你尽快地走出忧郁的低谷。这里介绍几种帮助青春期女孩走出忧郁的方法：

1.问你自己：可能发生的最坏情况是什么？如果你必须接受的话，就准备接受它，然后想办法改善它。

2.忧郁的人往往变得邋遢，你应反其道而行之。服装整洁，理理发，洗个澡，多对自己笑一笑。

3.反复地说出自己的名字，给自己打气，并对自己。说："这没有什么了不起的！"这是一种积极有效的心理暗示术。

4. 尝试着改变交往的对象，结识新朋友。

5. 多做自己感兴趣的事，如跑步、唱歌、听音乐等。帮助别人，做一些公益性的事。你将会找回自我的价值，感受到生活中有比个人忧愁更为重要的事。还有其他一些方法，例如，让自己忙碌。

卡耐基说，忧郁的人一定要让自己沉浸在自己喜爱的事情、工作里，否则只有在绝望中挣扎。

青春期的女孩正如含苞待放的花朵，应该享受的是阳光的照耀。不要让忧郁蒙住了自己的眼睛，尝试着走出忧郁的沼泽地，你会收获温暖的快乐，温暖的美丽。

越来越在意别人如何看待自己

放学之后，顾兰闷闷不乐地回家了。妈妈看到顾兰这副样子，感到很奇怪。"平时总是爱说爱笑的小女孩，今天怎么一脸的愁苦呢？遇到什么困难了？让妈妈来帮助你吧。"妈妈在一旁关切地询问＋安慰＋加油打气地对女儿说。"妈妈，我以后对自己再也没有自信了，原来我的缺点这么多。"顾兰说着说着，眼泪就快要掉下来了。

"怎么了？我们家的顾兰是个很好的小女孩啊！谁说顾兰不好啦？"妈妈看顾兰这个样子，更加纳闷了。"是这样，今天评选三好学生，老师将名单贴在班里的墙上进行公示，让同学们踊跃地提出我的优点和缺点。结果，我得到了一大堆的缺点。"顾兰把一张纸拿给妈妈看，那是同学们对顾兰的所有评价。优点：开朗，喜欢笑，对同学很友善；勤奋好学，而且也刻苦努力；团结同学，从不会和同学吵架或闹别扭。缺点：学习成绩不稳定，忽高忽低；对同学不够一视同仁；不能积极主动热情地帮助同学；有时打扫卫生不认真。

　　妈妈看了同学们对顾兰的那些评价之后，笑着说："顾兰，你的优点也不少啊，你怎么没有看到呢？""他们说的优点我觉得都说得对啊，关键是他们给我提的缺点让我心里有点难过，原来在同学的眼中，我有这么多毛病。"

　　"哦，我明白了，"妈妈笑着帮顾兰分析问题，"你也是只喜欢听好话的孩子吗？有一种小孩只喜欢听别人夸，不喜欢听别人说他的缺点，这样的孩子会有进步吗？"听妈妈这样一讲，顾兰不好意思地笑了。

　　"如果你觉得别人对你的评价是对的，就应该虚心接受，如果觉得他们说的不对，就要好好反思自己，看看是什么原因造成别人对自己的这种印象，这样想的话才不会辜负同学给你提的这些意见，对吗？"妈妈问顾兰。

　　"嗯。"顾兰点点头。"不论别人如何评价我们，都不要对自己丧失信心。缺点是人人都会有的，不要因为别人的评价而丧失了对自己的自信，那损失就大了。"妈妈笑着对顾兰说。听了妈妈的话，顾兰不再难过了。

❤ 妈妈告诉我

　　顾兰，驾驭自己就是要相信自己，对自己充满信心，永远保持一颗坚定的心，这样你的未来就会在你的掌控之中，那种前途未卜的庸人自扰的想法也就灰飞烟灭了，就没有什么可担心的了！

　　保持信心就如同争取高贵的名誉一样重要，信心是走向成功的最有力的保障。因为生活就是这样，有时决定你成败的不是能力的高低，而是你是否有信心，是否相信"我能行"。每个人的能力大小虽然各不相同，但如果一个人具有成功的信念，肯定会对他的能力产生影响。

生活中，一个缺乏信心的人，就如同一根受了潮的火柴，是不可能擦亮希望的火光的。在生活中，才能并不出众、表现平平、安分守己的人占大多数，但平凡不等于平庸，连古人都说"天生我材必有用"，难道我们就那么在乎别人的眼光，只能坐以待毙等待别人的评价吗？

无论一个人多么聪明，多么有才华，如果他对自己的聪明才智不能给予肯定，没有一点儿自信，那么他实际上什么都没有，只不过是一个摆设而已。任何一个成功的人都对自己的能力、实力等有一个准确的定位，他会对自己所具备的能力非常自信，也有足够的能力说服自己、认可自己。

英国历史学家弗劳德说："一棵树如果要结出果实，必须先在土壤里扎下根。同样，一个人首先需要学会依靠自己、尊重自己，不接受他人的施舍，不等待命运的馈赠。只有在这样的基础上，才可能做出成就。"

有一位书法家把自己的一幅佳作送到画廊里展出，他别出心裁地放了一支笔，并附言："观赏者如果认为这幅字有欠佳之处，请在上面做记号。"结果字面上标满了记号，几乎没有一处不被指责。过了几日，这位书法家又写了一张同样的作品拿去展出，不过这次的附言与上次不同，他请每位观赏者将他们最为欣赏的妙笔都标上记号。当他再取回作品时，看到上面又被涂满了记号，原先被指责的地方，现在都变成了赞美的标志。

这位书法家不受他人的操纵，所以在任何情况下，都不会迷失自己，都会有完全的自信。

天底下最难的事莫过于驾驭自己，这绝对是一个很大的挑战，怎么才能不虚度一生呢？怎样才能知道自己选择了合适的职业或恰当的目标呢？与其让双亲、老师、朋友或经济学家为我们制定长远规划，还不如自己来了解一下我们"擅长"做什么。

明确了目标后，行动也不可能是一帆风顺的，我们要学会适应，要把困难作为正常的东西加以接受。生活中的逆境和失败，如果我们把它们作为正常的反馈来看待，就会帮助我们增强免疫力，防御那些有害的、具有负面影响的反应。

其实，驾驭自己最重要的是有勇气、有自信改变自己的命运。

种瓜得瓜，种豆得豆，我们所得的报酬取决于我们所做的贡献。你一定会为自己在生活中的行为或者荣获赞誉或者蒙受耻辱。有责任心的人们关注的是那些束缚自己的枷锁，在关键时刻，宣告自己的独立。

从现在开始，把自己的命运掌控在自己的手中吧，做自己的主宰，用自己的奋斗营造自己的未来，这将是人生中最有意义、最有价值的一件事。

我总是不敢抬头看男生

曼云开始怀疑自己是否有一些心理障碍，为什么自己只要一看到男生就会感到特别的紧张和害怕？有的时候，有的男同学坐在曼云旁边，曼云都不敢抬头看一眼，也不敢同他说话，她自己感觉难受，对方也会觉得不自在。

在一次全校举行的运动会上，曼云到现场的时候比较晚，基本上没有座位了。同班的同学对曼云大喊："曼云，那边有个空位，坐过去吧。"曼云顺着同学指的方向一看，空位旁边是个男同学。曼云宁可站着，也不愿意坐过去。曼云和同学摆摆手，示意自己不过去坐了，要一直站在原地。

那场运动会一直持续了三个小时，而曼云就在那里站了三个小时，其害羞程度可见一斑。

♥妈妈告诉我

曼云，我知道你在看男生的时候心情很紧张，压力也很大。但是，妈妈想告诉你的是，事情并没有你所想象的那么严重，你应该先让自己放轻松。

你可以选择听听音乐、唱唱歌，或者读点优美的诗词，看点富有哲理的散文，给自己的思想一个自由奔涌的机会，然后坐下来，静静地向日记倾诉，再现一个自然的你。

你真的不应该自我压抑。一个刚刚进入青春期的女孩，即便喜欢上了班上的某个男同学，也是很自然的一件事情，这种感情不同于儿童，也不同于成人，是非常纯洁的，应该珍惜。

你可以把它作为秘密，甜甜地埋藏在心里，也许永远都不会被人知道，但是不要因自己的这种心理现象而埋怨自己，因为每一个进入青春期的女孩都会有这样的情感产生。你之所以看到男孩子会感到紧张，是把这种原本正常的、可以理解的感情，当成了肮脏的、不该有的东西，因而在内心深处产生了深深的自责。

那么，应该怎样做到既珍惜这种少女之情，又不陷入早恋以致影响到学习和身体健康呢？许许多多的过来人都有一条共同的经验，就是将自己的目标投向更加美好的未来，为了自己理想的实现，你会将自己的注意力转移到许多有益的事情上，当你在和男同学相处的时候，可以把他们作为参与竞争的伙伴而在一起坦然地学习，探讨问题或完成某项事情。如果以性别来论，社会就是由男人和女人组成的，一个自立于社会的女性不仅要掌握现代的科学文化知识，也得具备各种与人打交道的本事。作为成长阶段的中学生，自然是需要全面锻炼自己的，哪能见了男生就不敢抬头呢？妈妈还想告诉你一个秘密：有不少学生，在异性同学的面前都会有或多或少的不安和紧张。不过，他们大多数将自己的情感藏在了心里，努力让自己做到坦然、大方，渐渐地也就习惯成自然了，你只要留意调整一下心态，就会变得落落大方。

喜欢上一个男生，该怎么办

晓轩最近有一点儿魂不守舍的样子，周围的同学都感觉到她有点不太对劲儿。不仅如此，以前的那股泼辣劲儿也有所改变，连班上感觉最不敏锐的同学都看出来了，觉得奇怪："晓轩近来温柔了许多。"

那天，晓轩在说话的时候不经意地向大家透露了她的小心思，原来她喜欢上了班上的一个男生。

"那道题目他会做，我要去问他。"

"你们觉得他是不是对人有点冷？"

晓轩和同学在说话时拐弯抹角地透露出自己想去靠近他，想让同学帮助客观地评价她这种美好愿望。只不过，那个男生看上去像块儿木头，对晓轩并无半点儿感觉。虽然落花有意，可惜流水无情，因此晓轩抑郁了很多。

其实同学们都猜到了晓轩的心思，可是晓轩却不和大家挑明了说，一个人把心情小心地收藏起来。可以想见，晓轩的内心该有多么的痛苦。

"如果将来我要是喜欢一个男生,我就直接跟他说。喜欢就喜欢,不喜欢就算了,至于这么磨叽吗?把一个好端端的人都整成半神经了。"同学们很想帮帮晓轩,却感到无从下手,只能希望她不要耽误了学习。

♥ 妈妈告诉我

晓轩,青春靓丽的女孩,自然会喜欢吸引男孩子的注意。但是你所喜欢的那个男孩,却很可能是一个保守而又内向的人,也很可能因为你不曾与他见过而怯场;虽然他想认识你,但因为顾虑重重,很可能保持沉默。生活中经常会出现这样的情况:一对本来可以相识、相恋的男女,因各自的心理作祟,或者在一个清风习习的早晨,或者在一个月儿朦胧的夜晚,擦肩而过了。这种情况固然有一种神秘的美丽,但终究没有收获和拥有,是不是感到有一些遗憾?

所以,爱除了心灵的感应与感觉外,还有行动的表白。不论是爱或者被爱,都是一件很幸福的事,可幸福不是等来的,它需要努力,需要创造。爱,需要勇敢地表白。很多男人在表达爱意时比女人更胆怯,所以,女孩们应该学会鼓励那个自己心中也暗暗喜欢的男孩。当你遇到一位自己喜欢的男孩,在什么都没有开始时,你要是以为"他不一定喜欢我",你可能会永远失去他,失去选择的机会。还有的女孩刚开始就想:"如果被拒绝了,那该怎么办?"或者"他态度很冷淡,我如何是好?"其实大可不必存在这些顾虑,如果每个人都这么想:"如果被拒绝,我该怎么办?"那么,你永远也得不到一份真爱!很明显,问题并不在于会不会被拒绝,而在于如何克服这种自卑不安的想法以及自愧不如人的心理。假如你很想与自己喜欢的男孩约会，你可能会在电话机旁呆坐半天，拿起电话想拨号却又放下，就这样反反复复，犹豫不定。

事实上，只要你勇敢地拨一次电话，事情就会完全解决，你也就能摆脱那种焦急如焚的心境。即使遭到拒绝，也没有什么大不了的。你只要保持轻松、宽容的心情就会感到焦虑不安是多余的，因为你做了一件值得也应该做的事情。

不要过多担心，勇敢地迈出第一步，主动一点。如果你真的遇到了一个喜欢的也值得你喜欢的男孩，不要羞涩，要学会发挥自己的魅力，用魅力赢得对方的青睐。下面一些技巧不妨试试。

1. 记住对方的资料。

在男女交往中，免不了要互相介绍，这时候你一定要全神贯注，千万要记住他的名字，否则会让他觉得你过于高傲或心不在焉，就可能对你敬而远之。除了名字，他的职业、籍贯、电话号码、兴趣爱好、饮食口味等，都要牢记在心。在适当的时候，不经意地让他知道你对他的小细节记得很清楚，他便会开始留意你。

2. 不露声色地展示自己。

中国人普遍都有着含而不露的性格特征，男性大多喜欢含蓄、内向型的女性，开放型的女性虽然可以朋友遍天下，但在绝大多数男性心目中，她们容易走近却不容易走进，只可为友却不可为妻。假如你觉得自己没有足够的能力改变他的这种观念，却又无法割舍对他的感情，不妨投其所好，经常让他眼睛一亮，使他发出由衷的惊叹：原来她是这样优秀！

3. 与其他异性交往要把握分寸。

事实证明，男人的嫉妒心是一笔可以利用的资源，一个被若干异性爱慕着的女性比落落寡合的女性的魅力大得多。只要使用得法，你所钟情的男子就会出于对其他异性的嫉妒而对你产生兴趣，但是最好点到为止。"欲擒故纵"不失为一种好办法，但要记住"物极必反"，你如果过于讨人喜欢，而且来者不拒的话，你的形象将会大打折扣。

4. 要做一个"变形金刚"。

太阳每天都是新的，人也是一种喜新厌旧的动物，当你心仪的男孩仍对你无动于衷的时候，不要着急，冷静思考一下，是不是自己哪些地方落伍了？也许是在忙忙碌碌中放弃了自我更新。你不妨时时改变自己，让他每次见到你都有一种全新的感觉。譬如，改一下打扮，变一下发型……当然，最根本的还是精神面貌的改变，注意万变不离其宗，需要改变的是你的弱点，而不是优点，盲目改变不如不改。

5. 鼓励那个自己暗暗喜欢的男孩。

有人曾做过一个这样的小测试，如果遇到一个你极满意的异性，你是否会主动搭讪并建立联系？答"会"的女人占55.7%，而答"会"的男人占比竟比女人低5.7个百分点。

不主动与那个自己喜欢的异性联系的原因有很多，有24.3%的女人和28.5%的男人觉得这样做有违自己的行事准则，23%的女人和21.3%的男人是因为担心受到冷遇，4%的女人和14.3%的男人怕被笑话。因为缺乏勇气而不与自己喜欢的异性搭讪的男人占49.9%，女人占30.8%。可见男人在表达爱意时，比女人更胆怯，女孩们应该学会鼓励那个自己心中暗暗喜欢的男孩。如果你能够掌握以上方法，并灵活运用，相信你心仪的男孩一定会乖乖地到你身边来！

如何正确和男生交往

尔容进入了青春期之后，可能是受到电视剧的影响，和男孩的交往开始变得小心翼翼起来，一说话就脸红，而且语气也娇气了许多，连周围的同学都感觉有点儿肉麻了。

"尔容，你的作业本呢？没有交？"课代表过来找她询问。尔容看了他一眼，温柔地笑了一下："不好意思啊……嗯……"课代表大概是着急往老师那里送："你到底带没带啊？什么时候能给我？"尔容轻轻地说着："嗯……你等等，让我找一下。"说着，脸居然红了。

"快点，快点，还有五分钟就要打铃了。"课代表实在是着急了。只见尔容用轻柔的动作在书包里翻了半天，结果什么也没有找到："我好像没有带……""哎呀，明天带过来吧。"课代表说完之后，一溜烟地直奔老师的办公室。

也许是因为尔容太过于敏感，以至于很多男孩都不愿意理她。相比之下，她的好朋友小俊却和男孩在一起玩得很好。因为小俊总会表现得很自然，所以不会像尔容那样让人感觉不自在，在男生那边的口碑也不错，他们有事情都爱找小俊帮忙。小俊大大咧咧的性格，使她看上去很可爱。

♥ 妈妈告诉我

尔容，女孩到了青春期时，由于性生理的发展和逐渐成熟，性意识开始觉醒。在心理上强烈地意识到男女有别，意识到男女之间的交往与同性之间的交往，无论是在交往方式上，还是在交往的内容上，都会有许多不同。因而，不可避免地产生了对异性的一种蒙眬的好奇心，渴望了解异性，不自觉地产生了对异性的一种青涩的爱恋之情。这时的女孩开始有意识地修饰自己的仪表，注意自己的谈吐，希望自己能够引起异性的注意，同时也对异性产生了好感。我们在异性面前或是表现为热情、兴奋，用种种方式表现自己；或是表现慌乱、羞怯和不知所措，面对这一切，许多女孩都会表现出极大的不安。这种变化是青春期异性之间相互吸引的表现，是一种正常的心理变化。到了一定的年龄，每个人都会产生与异性接近的欲望，这是人的一种情感需求，并不是病态，也并不可怕。

但是，青春期的我们毕竟处于一个较为特殊的人生阶段。一个人的价值观、世界观基本上都是在这一阶段成熟起来的。在此阶段，人的身心发育还不够完善，情感认识还不够理性，情绪掌控还不够稳定，很容易因为一时冲动而酿下苦果。那么，刚刚步入花季的少女应该怎么做呢？

与异性交往，很重要的一点是互相尊重和理解。男女之间在气质、性格、身体、爱好等方面往往有着较大差异，只有彼此互相尊重和理解，异性友谊才能维持和发展。同时，不论男女，在交往过程中都不要过于随便。真正的异性朋友，自然可以堂堂正正地来往和接触。

但毕竟有性别差异摆在那里，一举一动都要大方得体，不能过于随便，否则可能会伤害彼此和身边的其他人，有损友谊的牢固。

当然，在与异性交往时，特别重要的一点是要分清友谊与爱情的界限。友谊和爱情之间既有联系又有区别。人与人之间的爱情关系和友谊关系都是以彼此之间相互欣赏为基础的。友谊和爱情两者之间有严格的区别：首先是内涵不同。友谊是同学或朋友间的一种平等的、诚挚的、亲密的、互相依赖的关系。而爱情是一对男女之爱，并渴望对方成为自己终身伴侣的关系。其次是对象不同。友谊是广泛的交往，而爱情是在一对男女之间发生的。友谊可以通四海，朋友可以遍天下，人们可以和各种对象发展友谊。而爱情是男女之间的隐私之情，只能是真挚专一、忠贞不二的，如果第三者加入，便会产生嫉妒心理和排除异己的行为。再次是要求不同。友谊关系中，主要承担道德义务。而爱情关系在双方缔结婚姻关系后，不仅承担道德义务，还要承担法律责任。异性朋友一定要注意，不要模糊两者的界限，否则不但会失去友谊，还会失去爱情。

因此，与异性交往，要学会正确利用奇妙的"异性效应"，学会彼此欣赏和相互学习，同时要尽量把握好交往的尺度，让自己身边多一些朋友。

暗恋自己的男老师，怎么办

新来的体育老师姓牛，第一节课的时候向同学们做了自我介绍："大家好，我就是牛老师。"雅容在下面接了个下茬："有没有猴老师呢？"

不过这个牛老师长得很帅，不是某个学生这样认为，而是全班同学公认的：他的肩膀宽宽的，个子高高的，穿着天蓝色的运动衫，胸前垂着哨子，手里托着篮球，那样子实在是潇洒。连班上的男生都惊呼："哇！帅哥。"

这位牛老师脾气非常温和，站在列队前，总是向大家微笑，他笑得那么自然、那么亲切，立刻拉近了他与同学之间的距离。

在篮球课上，他一遍一遍地教大家做运球、投篮的动作，他健美的身姿，实在令人着迷。之前雅容没有摸过篮球，所以在练习的时候笨手笨脚的，牛老师耐心地帮助她纠正动作。以后的课余时间，这位牛老师经常成为全班女生的谈论话题："牛老师的气质，就像是《灌篮高手》里的樱木花道。"

"他也有点像流川枫。"同学们说什么的都有。"不过在我的心中，牛老师就是牛老师，不管是樱木花道还是流川枫，都比不上我的牛老师啊！"雅容认真地说道。雅容的伙伴们早就发现她特别喜欢谈论牛老师，便问她："雅容，你是不是喜欢牛老师？""你们不也很喜欢吗？我只是和你们一样的喜欢而已。"虽然雅容口头上没有承认，但是在心里已经肯定了，牛老师的一切在雅容的眼里都是那样的完美。只是雅容不知道牛老师是否也同样喜欢自己呢？

♥ 妈妈告诉我

雅容，对年轻、有风度的异性老师产生爱慕之情，这是可以理解的，他也许是第一个闯入你心房的具有很大吸引力的年轻男子，与周围的男同学相比他肯定要出色很多。你对他产生好感，是十分正常的心理现象。

然而，坦率地讲，你的这种爱慕之情并不一定是真正的爱情，换句话说，这只是一种对异性，尤其是对优秀异性的一种蒙眬的好感，常常表现出既成熟又幼稚，既清醒又迷糊，既狂热又消沉的矛盾心理，并开始把目光更多地集中在异性身上，憧憬着梦幻般的甜美爱情生活。但是，这时候的你对于什么是真正的爱情却知之甚少。

爱情是双向的感情投入，爱情不能仅凭感情，还要有思想、道德、学识、性格、气质、习惯甚至家庭影响等很多方面的考虑，而且需要处理很复杂的人际关系。作为一个学生，你现在能驾驭这么多吗？所以，最明智的选择是及时控制自己的感情，先将这段美好的感情沉积在心底，等你长大之后，随着眼界的开阔、知识的增长，你会渐渐走向成熟，会把这段美好的感情作为人生一段珍贵的回忆。

也许你会感到很难控制你的感情，这是肯定的。建议你从以下几点入手试试：

1.改变环境。尽量避开与老师单独相处的机会，多参与体育活动，多与同学们在一起，将自己融入集体，就不会更多地沉湎于个人的感情之中了。

2.转移感情。发展自己的兴趣爱好，课余时间多读课外读物，参加各种体育活动，多做些社会工作，将自己的生活充实起来，你将会发现一个更加广阔的充满生机的天地，自然也易于从缠绵中摆脱出来。可以在周末的时候约上好朋友，投身到山清水秀的大自然中，让轻轻的风、柔柔的水、波涛汹涌的海和层峦叠嶂的山启示你人生的丰富多彩，帮助你走出迷茫。

最后，我想，人生最可贵的就是拥有理智，希望你能够理智地控制自己的感情，收获美好的未来。

呀，情书

今天绝对是紫萱有生以来最值得"纪念"的一天，因为她收到了第一封情书——虽然说只能算是一张小字条，不过，也可以称之为"微型情书"。"情书"的作者是坐在紫萱前面的同学当当，没有想到平时不爱说话的他，居然还挺有"勇气"的。这封信的内容如下：

"紫萱，我十分欣赏你的气质。我很希望能够和你一起超越友谊。让我走近你，了解你，好吗？即便你不同意，也不要逃避，我仍然愿意和你做好朋友。"呵呵，这封情书写得真是精彩啊，可是为什么当当同学的作文水平不是很好呢？紫萱得意地把这张字条收好，心里却忍不住臭美了起来，直到晚上回家，她还沉浸在兴奋的状态中，而妈妈一眼就看出了紫萱有什么事情。

紫萱把这张字条递给妈妈看，并且问道："妈妈，我应该怎样处理这封信呢？要给他回信吗？"妈妈没有立刻回答紫萱的问题，沉吟了一会儿说道："你对这封情书是怎么看的？"紫萱实话实说："没有什么特别的看法啊，只不过心里有一点儿高兴，那种感觉是没有办法形容的。"说完之后，她的小脸居然有点红了。

妈妈拍拍紫萱的头说："你可以好好保留这张小字条，若干年之后，或许这是你宝贵的青春记忆。至于是否要回信，你自己看着办吧。妈妈相信你能处理好。不过你要准确地将自己的意思传达给他，一要感谢，二要礼貌地回绝。"

听了妈妈的话，紫萱心里一阵感动，有这样一位善解人意的妈妈真是太幸福了。

❤️妈妈告诉我

紫萱，爱是一种崇高而无私的人类关怀，就像纯正的巧克力一样，含在口里，慢慢地融化、消失，不带半点杂质；它芬芳、甜美，悄无声息地渗透到人心的最深处；它是令人感动的、艳羡的。每个女孩都渴望爱情，都希望沉醉在爱河中感受人生的幸福。

爱如玫瑰，娇艳欲滴，当你忍不住伸手采撷的时候，玫瑰之刺会划破你的双手，血像那火红的玫瑰，疼痛会让你揪心。然而，不疼又怎知爱情的酸甜，不痛又怎知爱情的苦辣？

爱情是复杂的，正如我们常说的，心有千千结，情有千千结。人的感情世界，千姿百态。而爱情处于人类感情世界的中心与巅峰，是人感情最敏感、最瑰丽、最奇妙、最神秘并且变化无穷的部分。难怪王尔德说："生命对于每个人都是很宝贵的。坐在绿树上望着太阳驾着他的金马车，月亮架着她的珍珠马车出来，是一件多么快乐的事。山楂的气味是香的，躲藏在山谷里的桔梗同在山头开花的石楠一样是香的。可是爱情胜过生命……"

不管哲学怎样聪明，爱情比它更聪明，不管权力怎样伟大，爱情比它更伟大。爱情的翅膀是像火焰一样的颜色，它的身体也是像火焰一样的颜色。它的嘴唇像蜜一样甜，它的气息香得跟乳香一样。"爱比'智慧'更好，比'财富'更宝贵，比人间女儿们的脚更漂亮。火不能烧毁它，水不能淹没它……"

爱是一种无声的默契。爱是洗尽铅华、发如乱草般靠在你肩头的疲惫的脑袋；爱是尽敞脆弱，任酸楚与失意的泪水在你面前无须掩饰地真情流露；爱是飘雪冬夜的一杯热茶，是低落时爱人唇边一缕暖暖的微笑；爱是情愿为漂流如风的自由套上缰绳，躲在斗室的柴米油盐中相依相守。

女人是爱的使者，在爱情中妙龄男女情深深、意浓浓，彼此无微不至地关怀，相互之间寻求心灵最和谐的默契，相视一笑间最是动人。爱情于女人来说，是阳光下的瀑布，流光溢彩、绚烂辉煌。爱情是女孩一生中最华美的篇章，它为女孩的生命增添了五彩的光华，女孩的气质因为有了爱情而有了精华和灵气。

情感是阳光下的瀑布，璀璨夺目；爱情像七彩的花环，绚丽而夺目。古往今来，多少痴情少女不顾一切地奔向爱情，投入爱情的怀抱，抱着找到另一半自我的梦想，至死不悔。爱情是美好的，是迷人的，是绚丽多姿的。她就像一场春雨，冲去了大地所有的污秽，让世界充满新鲜泥土的清香。正如艾青所写的：

"这个世界，什么都古老，只有爱情，却永远年轻；这个世界，充满了诡谲，只有爱情，却永远天真。只要有爱情，鱼在水中游，鸟在天上飞，黑夜也透明；失去了爱情，生活像断了弦的琴，没有油的灯，夏天也寒冷。"

爱情是人类永恒的话题，是人生永久的颂歌，爱情让平淡的生活绽放光彩，让短暂的生命源远流长。女人，因为有了爱，所以才有了追求美丽的动力。

学会把握感情的分寸

自从和当当相处熟悉之后，最近一段时间都是紫萱和当当两个人一起回家，难怪紫萱的好朋友都说："紫萱，没看出来你是个重色轻友的家伙，把我们都彻底抛弃了。"而当当在一旁高兴地笑着。

一天，当当跟紫萱说："紫萱，今天你能够晚点儿回家吗？我有好多题不会做，你能不能帮我讲讲。"那天晚上，紫萱一直给他讲题目讲到了八点多钟。

不过从那以后，当当经常会要求紫萱晚一点儿回家，为他讲两道题目。时间一长，紫萱觉得有点儿不高兴了：自己为什么要凭空为他付出这么多呢？况且我也有很多的事情要做啊！那些题目他如果上课好好听讲的话一定是可以做出来的，为什么一定要在课下耽误别人的时间呢？难道别人的时间都不宝贵吗？难道他因为是自己的好朋友就可以随便耽误自己的时间吗？这样一想，紫萱心里突然觉得很委屈。

难道他是为了利用自己吗？还是他觉得我们是好朋友，就不和自己太客气了？总之，紫萱的心里很不爽！那天，当当又要让紫萱晚点儿回家，紫萱想了一下，告诉他："今天妈妈要我早点儿回家。"当当听了一愣，然后说道："你家里的事情很重要吗？"紫萱听了这话开始心里冒火了："难道只有你的事情重要吗？"说完之后，头也不回地走开了。

在回家的路上，紫萱忍不住委屈，哭了出来：为了他，紫萱牺牲了很多自己的时间，却没有换来当当的感谢，反而让他觉得自己为他做些事情是天经地义的。紫萱觉得自己很傻，怎么之前从来都没有为自己考虑过呢？

♥ 妈妈告诉我

紫萱，恋爱中的女孩很容易盲目，以为只要一切都听他的就可以获得他永远的爱恋。其实不然，当他腻味了你的一贯顺从和忍耐时，他就会觉得你淡而无味。爱情应该是双方的付出，要在互相爱恋的前提下，互相慰藉，互相理解和体贴，而不是一厢情愿。

恋爱中的女孩常常为了一份心跳的感觉而忽视很多生活细节，即使偶尔感觉到了一些不妥也会以种种理由为对方开脱，直到有一天发现这个让自己倾心付出的男人并不是真的爱自己。

女孩应该睁开双眼谈恋爱，跟着感觉走只会在甜腻的爱情中越走越远，丧失自我。在选择爱情的另一半时，更应该擦亮双眼，看看对方是否值得真心投入，如果答案是否定的，那么就应该立刻从这段感情中抽离而出，以免受到更大的伤害，千万不要被一时的甜蜜冲昏了头脑，那样只会让你后悔莫及。

张爱玲，中国现代女作家，一位孤僻的天才。她与胡兰成的爱情悲歌，至今仍令人欷歔不已。

张爱玲与胡兰成相识时，他是有妻室的，并且因政治原因曾在南京入狱。张爱玲却对这一切都不以为意，只觉得爱是自己的，其余的都是别人的，无须考虑。在浑然不觉中，她在爱情这个问题上失去了慧眼，丧失了判断力，只是盲目地、投入地去爱。

胡兰成在张爱玲面前从不掩饰自己的浪子本性，张爱玲明知他不爱家、不爱国、做事荒唐，可依然觉得他会好好爱自己。甚至当胡兰成告诉她自己是个没有离愁的人，张爱玲也只是一味地欣赏，不曾想到人若冷酷至此，不是无情又是什么。在送给胡兰成的第一张照片背面，张爱玲写道："见了他，她变得很低很低，低到尘埃里，但她心里是欢喜的，从尘埃里开出花来。"爱让高傲的她变得谦卑至此，然而她却没有想过，一个男人得知已经彻底征服了面前的女人，便会很容易对她失去兴趣，不再为她神魂颠倒。爱与谦卑可以放在心里，没必要告诉他。爱到一百分，只告诉他十分即可，否则太多的爱会令他不自觉地看轻你。婚后不到两年，胡兰成就在武汉娶了护士周训德，在温州又与范秀美有了情事。他以张爱玲豁达慷慨为由，明目张胆地欺负她。张爱玲去温州看胡兰成，胡兰成不喜反怒，还说："夫妻患难相从，千里迢迢特为来看我，此是世人之事，但爱玲也这样，我只觉不宜。"胡兰成将张爱玲安排在火车站旁边的一个小旅馆里，白天陪她，晚上陪范秀美。尽管胡兰成没有告诉张爱玲自己与范秀美的关系，然而聪明如她，怎不一望即知？她只得黯然离去。

经过一年半的考虑，张爱玲写信给胡兰成，提出分手，"你不要来寻我，即或写信来，我亦是不看的了。"后来胡兰成曾写信给张爱玲的好友，流露挽留之意，张爱玲也没有回信。这段旷世绝恋最终以暗淡的结局收尾。

聪明如张爱玲，亦会在爱情中犯种种错误，亦会遭遇旷世浪子，亦会伤心萎谢，实在令人叹息。

传说有一种荆棘鸟，它自离巢就开始寻找荆棘树，历经千辛万苦找到之后，便把自己的身体扎在最长、最锋利的荆棘枝上，然后，它放开歌喉，唱出一生中唯一的一曲，这歌声宛如天籁，凡尘任何精灵都不可能发出如此美妙的声音。这声音是小鸟用生命换来的，也许最美好的东西都是用最深刻的痛楚换来的。女人追求爱情也像这荆棘鸟般执着和痴迷，为了爱义无反顾地付出全部，却让自己伤痕累累，痛不欲生。

有多少或悲或喜的爱情故事，就有多少痴心女子的情泪。女孩本不该让自己沦为爱情的奴隶，任人摆布。盲目地爱着，最后只能以痛苦结束。自怜自伤的女孩多么可悲，早知今日，为何不在这段感情产生之时就理智地看清可能的后果，果断地选择是继续还是放弃？

想拒绝，又怕伤害友情

自从那件事情发生以后，紫萱和当当的矛盾激化了很多，紫萱不得不重新考虑自己下一步究竟应该怎么做！紫萱觉得自己毕竟是一个学生，最重要的事情是好好学习，将来考重点大学，在前面还有很多美妙的梦想在等待她去实现。自己不可以因为这么一个家伙而辜负父母的期待，草率地耽误自己。仔细想想，这样做，是对家人的不负责，是对自己的不负责，又对得起谁呢？紫萱很想找个机会拒绝当当。

那么要怎么和他说呢？如果在他刚刚开始写信给紫萱的时候不理会或者不回信的话，那还比较好。可是，两个人都在一起有一段时间了，紫萱的好伙伴们都嘲笑她"重色轻友"了，同学在有意无意之间也在观察她们的情况，老师也一定在暗中观察她，很有可能紫萱会成为班上的负面形象……紫萱想了又想，觉得自己左也不是，右也不是，真不知道应该怎么办才好！最关键的，是那个当当，紫萱只是想和他中止这样的关系，不想让他来牵扯自己的精力。但是紫萱并无恶意，还希望和他成为好朋友，紫萱希望他不要误会自己，也不要抱怨……

♥ 妈妈告诉我

紫萱，如果说传道授业是教师的天职，保家卫国是军人的天职，救死扶伤是医生的天职，那么，你们现在的职责就是学习。学业应是你心中的第一重要事项，没有任何事可以动摇学业在你心中的地位，包括情感。对于谈恋爱会不会影响学习，众说纷纭。学生常持的观点是：他们在交往中尽量不影响学习。也有许多恋爱的学生反映，恋爱不会影响他们的学习；更有少部分人认为，恋爱可以促进学习成绩提高，因为两个人在一起可以互相帮助、共同进步。然而，家长和老师的观点则是：恋爱会对学习产生不良影响。

现实中，人们也会看到恋爱成为学习动力的事例，但毕竟是少数，而且少得可怜。人们看到更多的是不愿看到的后果：因为谈恋爱，双方耗费了大量的时间和精力，不再能集中注意力到学习上，从此学习成绩一落千丈，一蹶不振。而且由于男女在性格和心理素质上存在差别，情感问题对女生情绪的影响要大于男生。

我们还有很长一段路要走，需要用更多的知识来充实头脑，所以，需要学习。学业对于青春期女孩的意义是其他任何事情都不能取代的。

情感 PK 学业，注定你是最后的输家。这样愚蠢的事情，不要做！

我不想再和他交往下去，要怎样告诉他呢

紫萱终于下定决心要和当当"一刀两断"了——不过下这个决定的过程是多么的痛苦，只有紫萱一个人知道。紫萱想，让两个人都来真诚地面对这一切吧。紫萱想把自己的想法，原原本本地说给当当听，相信他会理解的。此时最好的方法也只有快刀斩乱麻了，长痛不如短痛，就这样吧。晚上，紫萱没有一丝睡意，给当当写了一封很真诚的信：

当当：

我很高兴和你一起度过了一段快乐又难忘的时光，它将成为我一生中最美丽的经历，我会把它珍藏到永久。只是，我们现在还都是学生，老师寄予我们希望，父母也对我们抱有厚望，我不想辜负他们。和你在一起的日子很快乐，但是我却迷失了自己，我很想重新回到以前，专心地学习，实现我最后的理想。

当当，我只是想说，你是一个很好的男孩，我想和你分开并不是你的原因，只是我很难将自己的精力集中，所以请你不要误会。同时，希望你也能好好学习，努力向上，争取好的成绩。

放下笔，紫萱长长地舒了一口气。

每个人的一生，都有自己要做的事，自己并不是为了一个当当而活，而是要为自己的将来而努力。

♥妈妈告诉我

紫萱，你应该好好祝贺一下自己，你终于知道什么对自己才是最重要的。

青春期女孩在面对异性时，面对此种青涩的情怀或情窦初开的现象，更应该冷静地思考：我真的喜欢他吗？他是我的最爱吗？我了解对方吗？对方了解我吗？他有什么优缺点？我能容忍他的任何缺点吗？我能在学业与交异性朋友之间做妥善的安排吗？因为交异性朋友就牵涉"做决定"与"负责任"的问题，什么时候做决定较恰当？什么时候做决定较完美？什么时候交异性朋友较理想？这些都是必须深入去考虑的问题，在身心尚未发展成熟时就交异性朋友不但对自己的成长没有帮助，相对地还会影响并阻碍其他各方面的发展。

更重要的是，青春期女孩通常无法为自己做的决定负责，必须由父母或他人来承担后果，一时的激情必须以终生的幸福作为赌注。因此，喜欢一个人要等他长大，也要等自己长大，长大以后再说爱。

很多女孩常把一句话挂在嘴边"只要我喜欢有什么不可以"，我是我自己，父母说左我就要说右！父母说黑我就要说白！父母说我错，我就要错！在此种情怀与逻辑推理中，只要男女相爱，永结同心，海誓山盟，在一起有何不可？殊不知，年轻的心是飞扬的心，同时也是脆弱的心，容易受到伤害，从而影响一生的发展。

当你做任何事，做任何决定时，除了考虑自己也要顾虑他人，我如此做对自己、对亲人、对他人有无影响？行为的后果如果损己利人或对大家都有损害就应该慎重考虑。而当此时，更要真的弄清楚：我真的爱他吗？难道不是一时冲动吗？我现在还小，以后会不会出现什么变化？

第五章

提高警惕，增强自我保护意识

手机诈骗

　　那天晚上，梦露和妈妈正在客厅聊天，忽然听到妈妈的手机响了一下就挂断了。"妈妈，有人打您的电话，我帮您把手机拿过来吧。"梦露说着就跑去把手机拿了过来。妈妈看了看手机上的号码："奇怪，这个号很陌生，我不认识啊。""妈妈，您打回去问问不就知道了吗？"梦露对妈妈说道。

　　妈妈笑了一下对她说："梦露，不用理会，这很有可能是诈骗电话。""啊？"梦露听了一愣，"怎么电话还会有诈骗呢？""嗯，不信，我们可以上网查查这个号码的归属地，一定是外地的。"梦露和妈妈上网输入这个号码一查，果然显示的是广东某地。"这种电话诈骗的方式是拨通一个电话，然后响两秒钟就会挂断，不知情的人一旦回拨过去，就要交高额的电话费。"啊！原来是诈骗！妈妈接着说："利用电话诈骗的方式有很多，而且防不胜防，最好的方式就是不要相信陌生人的来电，如果遇到状况及时通知家长，就可以避免受骗。"

♥妈妈告诉我

　　手机在现代社会已经得到普遍应用，而手机短信更是人们互相联络的得力助手。可是，手机短信中存在着诸多安全隐患，很多不怀好意的人往往会通过发送诈骗短信来牟取钱财。因此，常与手机短信打交道的女孩们一定要提高警惕，防止自己掉入不法分子的短信陷阱里。梦露，妈妈想向你介绍一些常见的电话诈骗方式：

骗术一："手机号为13×××××××××，您的朋友为您点播了一首歌曲，以此表达他对你的思念和祝福，请您拨打9××××收听。"遇到这种情况，你最好不要拨打电话接听歌曲，因为这样很有可能会产生高额话费。

骗术二：听到铃声响起，一旦你接听，电话会马上挂断。当你按照号码回拨后，听到的可能是这样一段电话录音："欢迎您致电澳门六合彩……澳门中心竭诚为广大彩民爱好者提供信息，透露密码。联系电话1395983××××。"遇到这种情况，你也一定不要回拨，因为这是以非法"六合彩"招揽客人，如果你回拨电话，既可能损失话费，又很容易上当受骗。

骗术三："您好，移动通信公司现在将对您的手机进行线路检测，请您暂时关闭手机3个小时。"此种情形很可能是机主因为某种原因泄露了家庭电话号码，行骗者可能会在机主关机的时候，以"要求汇款"等事由诈骗事主的家人和朋友。所以，有关这一点，要格外留意，防止上当受骗。

而黑短信诈骗通常会采取以下四个步骤：

1.发送虚假消费短信，提示你"您在某地刷卡消费××元，如有疑问，请拨××银行信用卡服务部电话查询"。

2.当你按提示电话号码回拨时，接电话者会自称是某个银行的工作人员，谎称你的卡出了问题，并指示你按其提示步骤将钱转入所谓的保密账户。

3.这时你很可能会按照"银行工作人员"提示的步骤，将所持卡上的钱转入所谓的"保密账户"。

4.通过电话获得受害者的卡号和密码后，不法分子会迅速将你卡上的所有金额转走。

刚刚步入青春期的女孩会相对缺乏社会经验，而彼此间的联系又多是通过手机打电话或发短信进行的，这就给那些不法分子提供了很多可乘之机，这就需要在平时注意提高警惕，面对这些手机或短信诈骗，要提高自己的防护能力。

远离性骚扰

上个周末，妈妈带着艳之去听了一场关于"女生应该如何自护"的报告会，艳之收获很大。让艳之想不到的是，女孩在日常的生活中竟会遇到"意外骚扰"，这个时候要变得勇敢坚强，自己保护自己。

记得那次在公交车上，艳之就遇到了一个不怀好意的人，借着拥挤的人群，有意无意地触碰她的手和腰部。真讨厌！艳之故意踩了他一脚，他好像还没有什么反应，于是艳之决定换个地方站，就来到了女性乘客比较多的地方。

类似的事情，也许很多女孩都碰到过，比如在网上聊天，有时就会碰到一些自己并不认识的人说想交朋友，甚至会说一些"有色语言"，这个时候，就应该义正词严地拒绝他，以免自身受到伤害。

❤ 妈妈告诉我

艳之，性侵犯泛指一切与性相关、违反他人意愿，对他人实施而造成身心侵害的行为，包括强奸、诱奸、性骚扰在内的行为都可算是一种性侵犯，而暴露、窥淫等也可算是性侵犯的一种。

对于性侵犯，我们一定要做好预防的准备，最重要的是提高自我的防范意识、学会自我保护。例如，不与异性在过于隐蔽的环境中单独相处，夜间尽可能不要在外逗留时间过长或单独出行，不与异性到成年人的娱乐场所玩乐，等等。而在上述这些预防性侵犯的注意事项中，有一点需要特别指出并加以强调，那就是女孩子在走夜路时的安全警惕问题。这里有一些建议，希望可以给女孩子提供帮助：

1.保持警惕性。如果是经常走的街道，要记住晚上营业的商店、治安岗亭或附近居民住宅、派出所等；如果是陌生的街道，要选择有路灯、行人较多的路线。同时，还要对路边黑暗处保持戒备。

2.陌生男性问路时不要为他领路，如发现有人跟踪尾随，要设法摆脱。

3.不穿过分暴露的衣服。

4.不要搭乘陌生人的车辆。

5.如遇不怀好意的男性挑逗，要及时斥责，表明态度。如遇坏人，首先应高声呼救；若四周无人，则要保持沉着冷静，利用自己随身所带的物品进行自卫。如果不幸被侵害，那么不管侵害你的人是陌生人还是家里的长辈、老师等熟人，都要理智地做到以下几点：

第一，尽快告诉自己信任的亲人、老师或学校领导。有些女孩出于羞耻感，或是怕家人或老师批评而不敢告诉自己本该相信、依靠的人，而宁愿自己一个人默默承受这份痛苦。其实，被侵害，错不在自己，错的是施害者。只有在这些值得你相信的长辈的帮助下，你才能真正走出困境。

第二，要懂得用法律来维护自己的权益。对于那些失去理智、纠缠不清的无赖或违法犯罪分子，千万不要惧怕他们的要挟和讹诈，也不要怕他们打击报复。要大胆揭发其阴谋或罪行，学会依靠组织和运用法律武器保护自己。当施暴者是熟人时，也不能沉默，否则性侵害者会更加有恃无恐。也千万不能"私了"，"私了"的结果常会使犯罪分子得寸进尺，没完没了，而应当在尽可能保护自己隐私的情况下勇敢地站出来指证，这样不仅可以防止性侵害进一步发展，而且有利于事后公安机关搜集其犯罪证据。

第三，学会保护证据，如不要洗澡，保留对方的毛发、精斑、血液、抓痕和现场遗留物。如果可能的话，还应该让别人拍下能证明你所受伤害的照片，同时，最好还能找一个证人，把她（他）的证词做好记录。

第四，受到伤害后，应尽快去医院检查，以防止内伤、怀孕或感染性病等，并及时进行心理咨询、心理治疗，医治精神创伤。

陌生人与你搭话怎么办

那天瑶瑶和好朋友在游乐园玩了一天后，乘公交车回家。在车上，瑶瑶发现有一个大男生总是往她这边看，感觉怪怪的，还好，旁边有小伙伴给她壮胆。下车之后，瑶瑶和同伴继续往前走，结果那个大男孩从后面跑上来拦住了她。"我叫付伟，能把你的电话号码留给我吗?"

他走过来主动和瑶瑶说话。

瑶瑶愣了一下，不知道该怎么办好，说："我不认识你，为什么要把电话号码给你？""你只要给我电话号码就行。"他一副不达目的不罢休的样子。

这时，瑶瑶旁边的小伙伴们看不过去了，她们马上担负起为瑶瑶护驾的责任："你这个人真是招人烦。我们又不认识你，凭什么要把电话号码给你呢？你要是再不走我们可就报警啦。这一条路上都是人，肯定能把你抓住。"

可是，那个大男孩居然不理会她们的话，只是对瑶瑶说："我只要你的电话号码。"瑶瑶实在不知道说什么好，只好走自己的路不理他，可是他把路拦住，不让瑶瑶走了。瑶瑶一下子急了，冲着他大吼："闪开！别招我烦。"这下，他总算知趣地离开了。

妈妈告诉我

瑶瑶，当你外出时遇到素不相识的成年人（包括女性）与你搭讪，最好不要理会，更不要过分热情。如果对方以各种理由提出带你离开，千万不可轻信；即使你经过盘问考察，认为对方可以相信，也要告诉熟人、邻居，听取他们的意见，至少让他们知道你的去向，否则是十分危险的。

路遇陌生人突然上来与你搭话，要抱持戒备之心，对其所说的话不可轻信。如果对方需要指路或钱财帮助，可以告诉他去找警察帮助，或为他直接拨打"110"求助。

平时不搭乘陌生人的便车，也不要接受陌生人的钱物、玩具、礼物、食品、饮料、香烟等。如果陌生人在你放学途中强行把你接走或纠缠你，应立即向附近的巡警、交警报告，或往人多的地方跑，千万不要跟随陌生人到僻静的角落去。

由于这世界上存在很多无法预料的事情，所以一定要提高自我保护意识，防范可能出现的各种危险。

小心"海盗车"

美美和伙伴们在征得了父母的同意之后，利用暑假的时间一起坐车来到了风景秀丽的杭州旅游。她们刚刚下了火车，便有当地的人主动迎了上来，热情地问道："你们是来旅游的吗？我们的旅馆离西湖不远，你们出去游玩很方便。我们的收费也不贵，对于你们学生来说是最合适的了，怎么样？走吧。"

美美和其他几个同伴合计了一下，觉得挺划算的，再说，她们人多，怕什么，于是就打算跟这个人走。那个人看她们同意了，直接拎起了她们的包放在车上，把她们带上一辆中巴车。

汽车驶进了市区，秀丽的西湖出现在眼前，美美她们激动地一阵欢呼。可是没等几个人激动的心情平静下来，汽车又驶出了市区。

"究竟还要开出多远啊，再往前开就到郊区了啊。"美美心里有点着急了。

"马上就到。"那个人说道。

过了很久，车终于停了下来，美美她们下车一看，中巴车已经把她们拉到了农村，周围一片荒凉。

"你不是说离西湖不远吗？"美美发觉上当了，很生气地质问他道。

"是啊，这里总比你家离西湖近多了吧。"那个人露出了狰狞的面孔。

"走，我们不住了。"美美果断地喊道。

"不住，可以啊。可是交通费你总要付吧。一个人50元，够我收回成本，合情合理。"那个人不紧不慢地说。

这里可是他的地盘，而美美几个人都是人生地不熟，怎么能和他硬碰硬呢？哎！自认倒霉算了，以后可不能图便宜了。美美和伙伴们只好乖乖地交钱，下车了事。

💗 妈妈告诉我

每当假日来到的时候，就有很多同学想外出旅游或者到亲戚家做客。当你到达目的地的时候，迎面而来的经常是一大批的拉客者。这时，你可一定要小心谨慎了。因为在现实生活中，轻易相信拉客者的花言巧语而受骗上当的教训实在是太多了。

关于这方面的案例有很多，媒体的报道也很多，有的女同学因为轻信了拉客者而被骗到了肮脏的个人小旅馆，遭到他人的无端侮辱；还有的同学被那些拉客者利用威胁、恫吓等手段猛"宰"一刀，使自己随身携带的现金所剩无几。

所以，当我们在没有父母的陪同下独闯外地时，对那些拉客者应该始终保持清醒的头脑，如果是到亲戚家，那么最好不要理睬那些拉客者而要直奔目的地；如果你是去旅游却事先没有联系好住的地方，那么你应该根据自己的经济状况，选择合适的旅社投宿，那些没有营业执照的"地下旅舍"。万一发现自己被人骗了，也要机智一点——先把他们拉客车辆的车牌号记下来，再记下他们旅社的门牌号码或具体位置，随后拨打110报警，或者等到第二天，你假装外出旅游，再向有关部门举报。

路遇抢劫须镇静

这一天美林独自一人走在回家的路上，突然有一个大汉横在她面前，挡住了美林的去路，大汉对她说："把你的钱全都掏出来。"美林心里不禁有点害怕，自己只是一个学生，能有什么钱呢？看到大汉一脸杀气的样子，美林支支吾吾地说："我……没有钱。"

而大汉并不吃这一套，他不由分说，直接抢过美林的书包，利索地翻了起来，拿走了美林钱包里的所有零钱，还有爸爸给美林新买的电子词典。然后，大汉冷冷地对美林说："孩子，今天算你倒霉，回家去吧。"然后把书包往地上一扔，就跑没影了。

美林心里又害怕又难过，两腿发软，赶紧跑回了家。到了家之后，就把这件事情从头到尾和妈妈说了一遍。"天啊！我的孩子，你没有什么事吧？"妈妈关切地问美林，可能是怕她受到惊吓，不住地摸她的头。"没事。他把我的钱还有电子词典抢走了。"美林向妈妈抱怨。"美林，你是不是走的地方很安静，很偏僻？"妈妈问道。"嗯，是走了另一条路。""他的容貌特征，你有记住吗？走，妈妈现在带你去报警。"妈妈说着，带着美林去了派出所。

♥ 妈妈告诉我

美林，遇到歹徒的时候，千万不要慌张，首先要冷静地分析一下歹徒的目的。如果他们要的是钱，就先给他们，同时仔细记下歹徒的相貌、身高、口音、衣着、逃离方向等，事后立即向民警或公安部门报告。

如果遇到凶恶、带有杀机的歹徒，自己又无法脱离危险，就一定要奋力反抗，免受伤害。反抗时，要大声呼喊以震慑歹徒；动作要突然迅速，打击歹徒的要害部位，在此过程中要不断寻找脱身机会。应切记，不到迫不得已时不要轻易与歹徒发生正面冲突，最重要的是要运用智慧，急中生智，随机应变。在放学回家的路上要提高警惕，要做到：路上不单独行动，尽量结伴而行；路上不要多耽搁；不去偏僻的地方；不走人迹稀少的小路。在平时，应该多了解一些自护知识，以备不时之需。

1.如果歹徒拦住你的去路，千万不能惊慌失措，应迅速判明歹徒的身体状况和周围的环境条件，再确定防卫方法。

2.学会"呼救脱身法""周旋脱身法""恐吓脱身法""对犯罪分子进行说服教育法"等脱险方法。

3.若歹徒是迎面而来，待歹徒靠近后，猛地提起膝盖向他胯下猛撞；亦可迅速抬起并拢的手掌直击其喉头。乘他慌张之机，就可立即逃跑。

4.面对迎面而来的歹徒，迅速丢下手中的物品，两指成"V"形，直插歹徒的眼睛。

5.若歹徒从后面突然勒住你的脖子，并试图抓你右手时，你可微微转身，并以腾出的左手猛力向歹徒肋骨撞去，待其松手时，立即逃跑。若前一招没有使歹徒松手，可迅速改变招式，用力踩歹徒的脚面，或狠踢其小腿骨，待他松手时，马上逃跑。也可握紧拳头，举起手臂，用力向后撞击其腹部，使他喘不过气来，待他松手时，便可脱身逃跑。

6.伞和其他长的硬物都是很好的自卫武器。当歹徒靠近时，可用双手紧握雨伞，用伞尖猛击匪徒的胯下，或猛刺他的脸部，乘他疼痛难忍之机，迅速逃跑。

注意人身安全，玩得更开心

在笑笑的两只眼睛之间，有一道深深的疤痕，那是笑笑在小学一年级的时候，有一次和姐姐出去游玩，由于笑笑的淘气，放着光明大道不走，非要围着铁栅栏走，结果脚底下不听使唤，一下子重重摔倒在铁栅栏上，把两个眼睛中间的地方划破了，当时笑笑没有什么反应，可她的姐姐却被吓哭了。

就因为这道疤，大夫给笑笑缝了三针。

记得当时大夫夸了笑笑，至于夸奖的内容，有两个方面：其一是笑笑没有哭，所以夸她勇敢，那个大夫还特意用橡皮膏在笑笑缝针的地方贴了一个大老虎的"王"字；其二是说笑笑命大，因为这个伤口，如果偏左一点儿，就会伤到鼻梁骨，如果偏右一点儿，就会伤到眼睛。

不过这个危险的经历给了笑笑一个沉重的教训：那就是千万不可以玩得得意忘形，一定要注意安全。

从那以后笑笑走路就小心了许多，以至于同伴总把她当成胆小鬼，可能是因为别人不知道笑笑缝针的时候有多疼吧。

妈妈告诉我

笑笑，爱玩是孩子的特点，在课余时间适当地进行户外活动，放松一下自己，这是必要的也是应该的，不仅有利于身体健康，还能提高学习效率。但是，在户外玩要时务必要注意安全。如果没有家长、老师的监护，夏天最好不要到河流中游泳，冬天不能在结冰的河面上溜冰。很多女孩喜欢在夏天的时候下河玩水，但是这样非常危险，因为我们不好判断河水的深浅，如果不多加小心的话，很容易溺水而亡。

平时在户外活动的时候，不要随便攀登树枝，这样既有利于绿化，又有利于自身的安全。尤其是在秋天，因为树枝会因为干枯而更容易断裂。在外面游玩的时候，还要注意马路上井盖的完好程度，防止落入井中酿成不幸。不要在建筑工地周围游戏追逐，防止建筑架上的东西掉下来伤人。

在户外游玩的时候，千万不要因为追求新鲜，好奇刺激而忘记了自身安全。否则，就会受到伤害，甚至付出鲜血和生命的代价。

野外迷路怎么办

暑假来临，航航很想去来一次户外探险，她把这个想法和小伙伴们一说，没想到她们比航航还支持户外旅行。其实大家心里都很想去，既然志同道合，马上一拍即合。

那天，几个人把目标选定在附近郊区的一座海拔 800 米左右的山上。进入景区，大家一阵兴奋。"既然是探险，那我们就不走寻常路了，好吧？"其中一个同伴建议道。"那你想怎么个走法？"航航问道，"难道你想自己开路啊？""你怎么这么聪明呢？我就是这个意思，你们觉得好吗？"那个同伴得意地征求大家的意见。"嗯，听起来是很好玩，可是如果迷路绕在里面了，那就不好玩了。而且在山上，手机有时会没有信号，我们没有任何方法与外界保持联络。"航航凡事都会想得很周到，所以善意地提醒她说。"我早就想好啦，你们看，我都带好工具了。"那个队友得意地拿出了一捆长长的尼龙线，"我们走到哪里就把线缠在哪里，然后在沿途做上记号，这样就可以保证万无一失。"呵呵，原来早就"预谋"好了啊。

"那太好啦，"航航高兴极了，"那让我们来一次与众不同的探险吧。""注意安全，如果发现不对我们马上往回走。""OK，出发!"

♥ 妈妈告诉我

航航，和朋友一起结伴到户外去探险旅行，本来是增长见识和团队精神的好方式，也是提高解决问题能力的好途径。但是，由于对地形不熟悉，有时难免会出现迷路或者找不到同伴的现象，这在户外是非常危险的。因为爱好探险的人都有这样的体会，当顺着小路登上山顶之后，往往希望走一条从来没有走过的新路线下山，所以会经常迷路，甚至会被困在山里。在旅行的过程中万一迷路了，该怎么办呢？妈妈来给你们提一些小建议，以备不时之需。

1.迷路之后，应该立即往回走，争取回到原来有游览步道的那座山上去。即使你们已经走到了谷底，即便特别疲惫，也要咬牙回去找到原来的路线。这是性命攸关的时候，不可以偷懒，也不要存侥幸心理去试别的路线。

2.如果已经回不到原来的路了，那就要仔细观察周围的环境，争取能找到一条小溪，并顺着溪流走。在一般情况下，溪流会把你们带到山下去。如果在顺着溪流的过程中遇到了瀑布的阻隔，也要想尽办法绕过瀑布继续沿着溪流前进。

3.如果既找不到原来的路，又看不到溪流，那就比较麻烦了，不过还是有解决的办法，怎么办呢？这时你应该做的，仍然是想办法登到山顶上，根据太阳或找到远方的参照物（比如远处山下的一些建筑等），辨别出大致的方位，并在这个方位上选定一个距离合适，也相对容易辨认的目标山冈，向着目标山冈前进。

如果迷路的人数很多且都在一起的话，可以考虑把人员分成两组。将第一组人员留在原地山顶，第二组人员下山，向另一处选好方向的山冈前进。下山的第二组人员要时常回头和第一组人员保持沟通，征询留在山顶的第一组人员对自己前进方向的意见。如果第二组人员在行进的过程中偏离了正确方向，山顶的第一组人员要用声音或手势提醒他们改正行进路线。当第二组人员登上另一个山冈时，再指挥原来留守山顶的第一组人员下山前进。用这种"接力指挥"的方式交叉前进，可以使全部人员转移到安全的地方，而不是在原地打转。

4.如果迷路的只有你一人的话，那么你唯一可以做到的，就是在辨别好方位下山时，在向着自己选好的目标山冈行进的过程中不断抬头看目标，防止偏离正确路线。这个时候千万不要慌，只要你沉着冷静地想办法，一定可以走出大山，脱离险境。

这样以后再遇到了迷路的状况，就不会手足无措了。那么，在外出旅行的时候怎样才能避免迷路受困呢？是不是配齐装备，带上指南针、地图，就不会迷路了呢？对于那些缺乏野外活动经验的一般登山旅游者来说，这些东西实际上用处都不是特别大。最稳妥的办法还是沿着旧路走，千万不要冒失地离开原有的路线而从"新路"下山。如果你是有意去走新路"探险"的话，一定要提前做好充分准备，在出行前告诉家人及朋友，并带上充足的食品及饮水，在沿途做好醒目的路标，以备走不出去时按原路返回。

第六章

学海泛舟，做最好的舵手

我上课又走神了

　　小梅一下课就冲到思思的课桌前着急地喊："思思，思思！快把你的笔记借我抄抄！我上课又走神了！"小梅一边急急忙忙地抄着笔记一边沮丧无比地自言自语："思思，你看怎么办才好啊。我怎么这么多内容没听到啊？这抄了也没用啊，你给我讲讲好不？"

　　说到这儿，小梅停下笔，抬起头，露出一副十分可怜的样子。"小梅，你怎么回事啊？最近上课怎么总是走神啊？你这样下去可怎么办？"思思一边替小梅暗暗焦急，一边责怪她上课不用心。"我也不知道怎么回事，"小梅又继续埋头苦抄，"思思，你说是不是人大了心也大了，所以精神就不容易集中了啊？"

　　"你都想些什么啊？"思思疑惑地看着小梅。

　　"我也不知道自己想些什么，就是听着听着就感觉老师的声音像催眠曲一样，和我的耳朵就共鸣了，然后我就不知不觉走神了。"小梅无不委屈地说道。

　　"其实我有时候也走神，但像你这样一走就连笔记都抄漏了的情况就和在冬天看见荷花开一样，是十分罕见滴……"思思说道。

　　"思思，你就别嘲笑我了，我难过着呢。可能越是这样，我就越着急，越着急，结果就越走神。思思，你说我是不是老了啊？"小梅认真地问道。

"哈哈，你胡说什么啊！还没到 20 岁呢，老什么老！"思思半开玩笑地说，还顺便用手拍了拍她的肩膀，"我们正是花一样的季节。抄完了没？抄完了我们快看看吧。待会儿又要上别的课了！"

"好好好！快讲快讲！"小梅的表情终于雨过天晴了。思思一边讲，一边注视着时而皱眉，时而微笑的小梅，心里在想："我一定要帮助小梅分析分析她走神的原因，然后找到解决的办法。"对！回家问妈妈去！

妈妈告诉我

思思，其实你大可不必那么紧张。上课偶尔走神是正常的，只要不是太严重，就没必要太害怕。不过如果总是走神，到了小梅的地步，都影响到学习了，就要好好查查原因了。

人的注意大致可分为有意注意和无意注意两种。而你们上课时，就要求调动积极的有意注意，尽量延长有意注意的时间，而缩短无意注意的时间。小梅走神就是一种无意注意。

小梅经常上课走神也许是以下几个原因中的一个，或者兼而有之：

第一，晚上没睡好，所以精神不好。睡眠不足会影响人的注意力集中度，如果前一天晚上没有好好休息，第二天课堂上就有可能会走神。如果是这个原因，你可以告诉小梅让她调整好生物钟，按时作息，保证充足的睡眠，这样上课才有精神。

第二，上课前没有好好预习。要想课堂上能够取得最好的学习效果，莫过于带着问题听讲。那么怎样才能发现问题呢？最好的办法是课前预习。在预习的过程中，可以粗略地把容易理解的，一知半解的和完全不知所云的东西用不同的方法标记出来，这样就可以在有一定的背景知识（那些理解了的）的情况下，专心去听那些一知半解和完全不知道的知识点。这样做，不仅心里有底，还可以带着一定的问题和目标去学习，那么上课走神的情况就会得到根本性的减少，甚至会没有。这种做法也是妈妈最推荐的"有意注意"加强法。

第三，课上胡思乱想。上课的时候，要跟着老师走。具体的做法是，老师板书的时候，认真看板书，老师讲解的时候，可以注意老师的眼睛。

当然，这里说要跟着老师走，并不是说思想也被老师牵着鼻子走，而是要养成边听边思考的习惯。比如：老师打算怎么解决这个问题呢？我之前的想法和老师有什么地方不同呢？其实做到第二点，这第三点也就自然而然地能做到了——因为你一直在记着为自己的疑问从老师那里、从课堂上寻找答案，这时哪里还有心思走神啊？

总为考试而担心焦虑怎么办

哎，又要月考了！"考考考，老师的法宝！分分分，学生的命根！"

又雪真不明白是谁制定出考试这种东西，学生们一天到晚好像就为了考试而考试，每天都疲于奔命。什么周考，月考，期中考，期末考等，考试不断。又雪简直是烦透了。让又雪更为不爽的是，考完后又是试卷讲评，甚至还有讨厌的同学故意过来问分数。

不过，就算他们不问，爸妈也会问，就算爸妈不问，老师也知道——别以为老师们心里都没数，老师们记性可好了，谁成绩好谁成绩不好，心里都记着呢！先不说别人关不关心分数的事吧。就说又雪自己，考得好呢，担心下次保不住这么好的成绩，考得不好呢，不仅成绩没得保，连信心都快保不住了："怎么这么点分儿？"

又雪的心情真像这外面的天气啊，一个字——阴！看看吧，又雪都由对考试的厌恶变成了担心，继而到了胡思乱想的地步了，整个儿一个"考试焦虑综合征"啊。

"神啊，救救我吧。"又雪心里嘀咕着。一不小心，她看到了好朋友媛媛的日记。其实又雪不是有意的，是媛媛把日记写完了就往桌上一搁，忘记收拾了——好像是冲到操场上背英语课文去了。

又雪好奇地看了下，媛媛在日记里这样写道：下个周一又要考试了。前面的错题还没吃透呢，又要复习，看来这个周末去游乐园的计划又泡汤了！能不能只学不考啊？要是有这样的学校就好了，又雪一定会第一个报名去他们学校念书！可是，哪有啊？起码，中国没有。而且，好像外国也没有。哎，看来整个地球都没有。

看不出来，原来媛媛也这么担心考试啊。其实媛媛的成绩一直都不错呢！

♥ 妈妈告诉我

又雪，像媛媛这样担心考试的是好孩子。因为她很在乎自己的荣誉！一个对自己荣誉那么在乎的人，一定会想办法维护自己的荣誉的。这样的人也一定能克服各种困难，取得成功！不过，媛媛也不必过于担心。就像媛媛说的，不考试的地方在这个地球上是不存在的。既然是这样，那还焦虑什么呢？反正总要面对，不如开开心心地面对。

焦虑有用吗？如果焦虑有用，媛媛也不至于粗心地把刚写完的日记搁在书桌上，让你这小家伙有"一不小心"的机会看到优秀的媛媛原来也这么担心考试，对不对？

其实心态很重要。心态对了，事情往往成功了一半。怎样对待考试，就是一种心态的处理问题。首先，我们要正视考试。因为就算你离开学校，以后到了社会，还是有许多大大小小、形形色色的考试：参加某些工作要考一些资格证，比如妈妈当教师，需要考教师资格证；去公司工作要见面试官，这也是考试；想要开车，得通过驾照合格考试，等等。可以说，我们的人生要面临的考试远不止在学校里面对成绩或者说书本知识的学习的检测，考试无处不在，如果一直焦虑，那么以后的人生怎么办？岂不是要一直在焦虑中度过？

而且，媛媛也有点太在乎考试的结果了。其实很多考试，像你们的周考啊，月考啦，只是老师们对学生的阶段性学习的一个测量手段，他们只想看看大家学到了多少，学得怎样，并不会心里一直带着成绩表来看待学生的，老师的脑子毕竟不是计算机，记不了那么多的。而从另一个方面，也就是学生本身来讲，考试会让大家对所学的东西有一个阶段性的巩固，能对一段时期内学的知识查漏补缺，不知道的，及时补上；知道的，更加巩固。媛媛说"前面的错题还没吃透"，不正能看出她很好地利用了考试的用途，对自己还不太懂的地方做出弥补吗？这点她做得很好。这样，她一定会通过考试不断进步的。

考试有适当的焦虑是好事，因为这样会让人在适度的紧张下调动思维的积极性，所以有些学生能在考试中"超常发挥"，就是指的这种情况。当然，焦虑的度要把握好，过了，就可能适得其反，对平时学习起反作用，变成为了考试而考试，那就很危险了——有可能自己的小秘密也被人家"一不小心"看到哦。

考砸了，怎么缓解心理压力

昨天试卷发下来了，乔兰一看到分数，就趴在桌子上哭了起来。慧慧过去偷偷瞄了一眼，试卷上的分数……

"乔兰，别难过了。"慧慧都不知道该说什么好。乔兰没说话，继续哭，而且好像哭得更凶了。慧慧只好拍拍乔兰的肩膀，然后傻站着，也不吱声。也许乔兰这个时候只需要一个人安静地待在身边什么也不说，什么也不做，对她来说就是最好的安慰了。果然，不到两分钟，乔兰就不哭了，她缓缓地拿起发下来的试卷，然后好像自言自语地说："最近压力挺大的，可能才会这样吧。呵呵，应该没事的。谢谢你，慧慧。"看到乔兰勉强的笑容，慧慧心里其实挺不好受的。朋友有困难，她却不知道该从何帮起。

接下来的几天，乔兰都不大说话，看来上次考试确实给她带来了很大的心理压力。该怎么办呢？

妈妈告诉我

慧慧，看来乔兰不仅仅是对考试过于担心，而且还产生了一定的心理压力。作为她的好朋友，你可以找个机会和她好好聊聊。人的一生总会碰到这样或那样的困难，面对困难的时候，是背着包袱迎难而上，还是轻装上阵，这真的要看我们用什么样的心态去面对压力。乔兰把学习看得过重，这是她心理压力的根本来源。人们在做某些事情的时候，尤其这件事本身目的性很强时，常常会产生一种紧迫感和危机感，这种紧迫感和危机感，我们叫它压力。

当我们面对压力时，不仅心理上会感觉到，身体也会感觉到，因为身体会发生一系列的反应。但这种反应常常是无意识的，也就是说不在我们控制之内。当我们处在这种反应中时，身体的各个部位都处于临战状态。而当压力解除时，这种状态也会自动宣布停战。

如果一个人长期处于压力状态之下，久而久之，会使人的精神难以集中，观察力下降，甚至遗忘正在思考或谈论的事情。很明显，这样的状态下，想要做好任何一件事都是不可能的。学习也是这样。乔兰应该放下由于对阶段性测试的过度重视而带来的心理压力，把学习看成生活的一部分，看成一个有待长期实现的目标，或者，更简单地说，看成一种生存状态，只为学习而学习，而不是为了考试而学习。

其实有些事情，也许在目前，在你们看来，是很大的无法超越的困难，但是实际情况有可能根本不是这样的。

很多时候，我们不能抱着"我一定要怎样怎样，才能怎样怎样"，或者"我要是不这样这样，就一定会怎样怎样"的偏执想法，因为这样想的时候多了，无异于慢性自杀，慢慢地，压力就会越积越多，越来越大。很多时候，事情在变，我们自己也在变，那么当初的想法或者决定为什么就不能变呢？

压力往往是我们自己给自己的。不然怎么会有"人最难战胜的敌人是自己"的说法呢？

乔兰自己也说到"最近压力很大"，看来她心里对自己上次测试成绩下滑的根本原因还是有数的。这次失败，可以说，败给的不是学习本身，而是她自己。

那么面对一件需要我们高度重视的事情时，正确的做法是什么呢？我们不妨预备好几个方案，想好各种可能出现的情况，甚至可以想到最坏的情况，当然我们不反对想到最好的情况，然后在最好和最坏之间穿插几种中间状态，这样，你会看到，其实最坏也就这样了。当你把要面对的问题充分想清楚后，剩下来要做的就容易多了，简单思维，简单生活。

我们选择改变不是因为不坚持了，而是换一种方式更好地坚持。就像我们选择简单不是因为我们没有思考，而恰恰相反，在这之前，我们已经把各种复杂的情况都考虑过了。试着换一种态度处理事情，这样我们的思维方式会悄悄改变，随着这些改变，我们会在某一天发现，自己能更加成熟地看待问题，看待生活了。这个时候，压力自然也就消失于无形了。

我考不上名牌大学，好苦恼

"看我这成绩，考名牌大学是没希望了！不念大学吧，爸爸妈妈肯定不同意；念吧，我觉得难度实在是太大了。"思蓝和好朋友文文有一搭没一搭地聊着。

"不光光是面子问题，我在想，名牌大学和普通大学的差别会不会很大啊？"思蓝发表自己的见解，"真是郁闷啊。这破成绩不上不下的，恼死人了！"

"你说咱非得上名牌大学不可吗？那么多普通大学就不是大学了？那么多普通大学的毕业生就都没有名牌大学的毕业生优秀？"文文当然也有自己的见解。

"我看不一定吧。再说了，不是有一句话是这样说的吗：师傅领进门，修行在个人，"思蓝居然表现出自信来，"不过考不上名牌大学确实是件让人沮丧的事，起码高兴不起来。我都不知道接下来的日子要拿什么做奋斗目标。哎，都怪自己一直以来不够努力，才到今天这个地步……"

这两个好朋友就如同很长一段时间没有说话一般，上课铃声响了，她们才各归各位，停止了谈话。

看着老师在黑板上讲得有声有色，思蓝却一点儿都提不起兴趣来。因为她在想："是啊，名牌大学那么少，而成绩优异的人毕竟是少数。那些考不了名牌大学的学生，他们该怎么办呢？该怎么面对这种残酷的优胜劣汰的选拔性考试呢？"思蓝陷入了沉思中。

♥ 妈妈告诉我

思蓝，你问得很好，问到了问题的根本矛盾，就是：不是每个人都能上名牌大学，即使大家都想上名牌大学。

你的好朋友文文的苦恼正是由于这个矛盾产生的。也许你们也知道自己可能上不了名牌的原因：以前没能好好努力。既然知道问题产生的原因，那就从原因下手好了：现在开始努力。什么事情，只要现在开始努力都不算晚。也许到最后你们还是上不了名牌大学，但至少，你们努力过，可以问心无愧了。

我们把事情往不好的，也是相对现实的地方讲，大多数人是上不了少数的名牌大学的。其中你们就很有可能是在这大多数人中。就算结果是这样，也没有关系。普通大学也是大学，和名牌大学一样，它们也是国家培养优秀人才的地方。中国有很多的企业家、领导人等成功人士就不是名牌大学毕业的。可是他们通过自己的努力，都取得了事业的成功。

大学的存在，应该是以培养出完美的人格，增强人的现代公民意识为目标。可以说，专业知识的学习是相对最为基础而更需要学生自己付出努力的地方，与学校是否是名牌关系不大。

而且以后到社会上就业，公司在录用人员的时候，绝不是凭你一纸文凭来判断是否录用你。是否是名牌大学毕业，对你的事业并无影响。进了大学后，将是一个完全不同于高中阶段或者九年义务阶段的学习模式。更多的时候，你将会自己决定要学什么，要成为什么样的人。

可以说，进入了大学，大家又重新站到了同一条起跑线。

而四年后，你要成为什么样的人，取决于大学四年期间你对自己人生规划的确定和切实的努力。优秀与否很大程度上与学校的品牌无关，而与你对大学意义的认识和实际行动密不可分。

所以，如果上不了名牌大学，就大大方方地上普通大学，如果上不了普通大学，就上大专或者职业技术院校，如果还是不行，就去学自己感兴趣的东西，并且制定目标，越细越好，然后真正地全身心投入。

记住了，每一个新的开始，你都不比别人差，你们都将站在同一条新的起跑线上。如果最后，你还是落于人后，那就是因为你停止了奔跑。

时间是挤出来的

"怎么这么多作业！又是数学试卷，又是英语试卷的！还让不让人活啊！"铭铭大发牢骚。"是啊！这次连语文老师也来凑热闹。居然让我们写什么'我最难过的事'，还从 500 字提升到了 800 字！我看啊，写完这些作业就是我目前最难过的事了。"程程也跟着起哄。"写作业倒不是我最难过的。"铭铭很想阐明自己的意图。"那什么才是你最难过的啊?"程程莫名其妙地朝铭铭发问。"时间啊!我都不知道时间怎么够用?恨不得一天有 48 个小时。"铭铭看上去真的一副很焦虑的样子。"倒也是,我们怎么忙也忙不过你。又要去见你的钢琴老师了吧?"程程同情地说。"可不是。马上就要考级了,本来就要练曲子,又加上这么一堆的作业,看来,和朋友出去春游的事这段时间都不用想了,"铭铭说得可怜兮兮的,"之前约好的,看来又要推掉了。"

妈妈告诉我

铭铭,随着我们年龄的增大,要面对的事情也会越来越多,那么如何分配好自己的时间,在有限的 24 小时内做好自己需要做的事情呢?妈妈可以送给你一个字:挤。没错,就是要挤时间,时间是挤出来的。不相信吗?你不仅要完成老师布置的作业,还要练习钢琴曲,如果不挤时间,又怎么做得到呢?希望自己一天有 48 个小时,这当然不可能,爱因斯坦虽然提出了相对论,不过他也做不到。那么怎么挤时间?它又不是我们沙发上的靠椅,看不见,摸不着。

很简单,为时间做一份详细的计划表。而且计划表最好能够分等级,比如说大的等级可能是这一年内要实现什么目标:比如语文成绩提高 20 分。接下来就是一些更细的计划:为了年末的语文成绩能提高 20 分,我要全面提高基础知识部分的得分,估计为 5 分;作文部分的得分,力求提高 10 分;阅读理解部分的得分,也是提高 5 分。

然后,怎样才能提高基础知识的得分呢?每月学习 30 个新字新词,平均下来每天一个字或词。每月看一本世界名著或者中国名著。这个可以计划为每天放学后阅读半个小时或者一个小时,具体时间看书的厚度和页码来定。每月给自己加 10 个阅读理解的练习，每隔两天做一次，每次时间大约为半小时，定在吃中饭后午休前的休闲时间。

有一个对待读书的看法，我们需要改变：就是太把读书当一回事儿。

中国人常常由于把读书看得太重，而浪费了一些可以利用起来的时间。把读书看得重，虽然不是件坏事，但在妈妈提倡的"挤时间"学习法上可能也算是一件好事。比如很多人觉得，读书就一定要有大把大把固定的时间，然后专心致志地坐在书桌前什么也不做，只看书。人们难以想象 10 分钟或者 20 分钟都可以拿来看看书。其实，在美国人那里，他们甚至在马桶旁边都放着书，这些书绝不是我们很多人认为的乱七八糟的杂志，而常常是文学名著、新闻早晚报之类的书刊——当然，这样容易引起便秘，所以妈妈也不提倡。还有些人，在书包里随时放一本近期想看的书，在等公交车或者乘坐地铁的时候拿出来阅读。这样积累下来的时间，对一个天天要坐地铁的人，甚至可以在一周内看完一本小散文随笔。

如果真能做到这样，那可是真正地算"挤"时间了，而且把学习融入生活中了。这种心态就是妈妈所说的"太把读书当回事儿"。说得简单点，就是心无旁骛、见缝插针地随时学习。

现在我们回头再来看看上面的计划，算是很详细而且有层次。从年到月再到天，甚至小时。计划这么细而全的好处是，既能保证做到切实可行，又能有目标。人们在做一件事情的时候一旦有了目标，就不会觉得盲目而不知所从了。

大目标，比如这里的年计划，需要很强的意志力和耐心去坚持，而这些坚持只要每天认认真真地完成一个一个的小目标就可以了，这样算下来，大目标就变得不再遥远而不可为了。你要做的，就是脚踏实地地做好每一步。

当然，在计划执行的时候，常常会碰到意外情况，这可能会打乱你已经做好的计划。那怎么办呢？

首先，要冷静，不要浮躁。如果可以，最好每个月调整一下计划，并且在计划里预留一些意外情况的时间，别把时间排得太满，比如，某个中午该做阅读的时间，临时去做数学老师发的试题了，那么就改为第二天中午或者当天下午。总之，尽量不要破坏整个计划的进度。

如果你订的那个计划，执行了一周，发现很多地方都完成不了，那么可以在周末，利用放假时间，好好调整原有计划，重新制订一个可以落实的计划。

要能落到实处，是制订计划的首要原则。不然，订了等于没订，还可能给自己带来沮丧感。

另外，制订计划的另一个原则是：充分利用白天的时间。科学研究表明，白天学习一个小时几乎等于晚上学习一个半小时。白天学习的效率还是很高的。所以，白天能做的事，别拖到晚上再去做。

当然，"身体是革命的本钱"，这句话什么时候都不过时，所以，再怎么挤时间，也不能挤掉应该休息的时间，能吃能睡，才能好好学习嘛。

抓住最佳时间，获得最高学习效率

"同学们，请大家安静一下，我有话要讲！"梦安和同学们正在热闹地早读，班主任张老师冲进来打断了大家。

"今天早上大家都来得很早，并且来了之后就能认真地读书。有读语文的，有读英语的，读得很认真。这很好。说明大家很有上进心。可是……"张老师说到这儿，顿了一顿，知道她的重要观点一般都出现在"可是"这样的转折之后，班上的同学都停了下来，齐刷刷地看着张老师，"我好像发现有学生在早读的时间做数学题。"

"谁啊？谁啊？"

大家都开始左右乱看。

"你们别问了，也别看了。做数学题的那位同学刚刚经过我的提醒，已经把练习册收起来了。老师也不会说出他／她的名字的，"张老师一副十分镇定的样子，"老师也不是要针对某个同学，批评更不是老师的目的。只是，我想提醒大家的是，不同的时间，应该学不同的东西。比如，早上，就比较适合大声朗读。我们要善于抓住最佳的时间，来学最容易学到的东西，这样才能获得最高的学习效率。不光是早读，最近，我还发现，有些同学上甲课做乙事，这都是很不好的。希望大家以后引起注意。好了，继续读书吧。"

教室里静了那么半分钟，又响起了一片琅琅书声。

梦安却一直在回想张老师的话：善于抓住最佳的时间，获得最高的学习效率。

♥ 妈妈告诉我

梦安，你们张老师说得很对。在学习中，确实有个最佳时间的问题。就好像我们要在 7 点到 8 点之间吃晚饭，12 点到 1 点吃中饭，晚上要睡觉，白天要工作一样，做什么事情都有它的最佳时间。学习也不例外。

大家的学习时间是宝贵而有限的。那么什么才算是这些宝贵又有效的最佳时间呢？

　　像你们张老师提到的那位同学，在早读的时候做数学题，这就不是利用了最佳的时间。而那些上英语课做化学题的学生就更不是利用最佳时间了。就像妈妈刚刚说到的，到什么时候做什么事，这就是最佳时间。

　　也就是说，早读的时候早读，上英语课的时候听英语，上化学课的时候听化学，自习课的时候做习题。

　　一个人应该要有计划地好好安排自己的学习时间，具体来说，可以这样做：

　　第一，老师讲课的45分钟要全神贯注，不要开小差，或者用来埋头做自己想做的题目，这样只会得不偿失。很多同学分不清主次轻重，老师在上面讲课，他在下面一会儿翻书，一会儿做题，看上去很认真的样子，可是学习效果不见得好。

　　为什么呢？因为他没有抓住听课的最佳时间。

　　也许老师讲的东西你觉得太简单，或者已经明白了，但是就没必要听了吗？妈妈的观点是：未必。老师要讲一堂45分钟的课时，备课的工作量往往超过90分钟，那就意味着，老师讲的很多东西都是被挑出来的精华部分，在这每句话后面都有一定的背景知识在做支撑。

　　也许你做了预习，看懂了教科书，但你不见得也看到了老师那些背后的背景知识。而且在课堂上，老师可能随时会提问，这会引发大家的积极思考，从而对所学的东西思考得更深入，理解得更透彻，如果你埋头去做自己的事情，那么就可能错过这些更深邃的东西。当然，妈妈也不是说，要记住老师上课的每句话，这没有必要，而且也不可能。妈妈的意思是，该老师讲学生听的时候，就应该带上耳朵，用心听讲。看书应该是课前预习做的事。

课堂45分钟的听课，如果能够保证吃透老师讲解的基础知识，弄懂自己的疑问所在，就算是高效率，好过你自己课后花90分钟或者更多时间去冥思苦想。

第二，找自己学习的最适时间点。比如你要背诵一个材料，你可以通过平时的观察，看看自己是属于"夜猫子"型的，还是"百灵鸟"型的。所谓"夜猫子"型，就是指那些在晚上记忆力相对较好，思维较活跃的；而"百灵鸟"型，就是指在早上或者上午记忆力相对比较好，能集中精力学习和思考的；当然还有第三类，"混合"型，这些同学对具体的时间没有太严格的要求，只要他们想学习，都能集中精力来学习。那么，那些晚上记东西记得牢的，不妨晚上睡觉前试着记一些要记的东西；而那些早上或者上午记忆力比较好，就在早读的时候多记一些东西。

最适时间点还包括学习时间的长短。有些人学习的注意力可能是3个小时，有些则可能有6个小时甚至7个小时，但是一般人最适合学习的时间长度不会超过5个小时。所以，过度学习，也可能造成疲劳效应，得不到学习的高效率。

最佳的时间，应该心无旁骛，专心学习，这样，才能高效率地学习。

书上落满了我的圈圈点点

尔露发现，波波读书有个奇怪的习惯：手里总是拿着三种颜色的水笔，一支红的，一支蓝的和一支黑的。而且她经常读一会儿就停下来，拿着那三支笔在书上画着什么，有时候，旁边还夸张地放了类似日记本那样的东西，整个书桌看上去，除了书就是笔记本。这样观察了一段时间，尔露在想：波波为什么总是一只手拿三支笔呢？她到底在做什么？况且这怎么好写字啊？难道她根本不是在写字，而是在书上画画吗？尔露越想越觉得有蹊跷，在好奇心的驱使下，她忍不住在某节课的课间趁波波不在的时候跑去问花花。花花说："应该是在做笔记吧。"

"三支笔怎么做笔记？"尔露还是觉得奇怪。"要不，我们偷偷地看一眼她的书？"花花悄悄地建议。"这不好吧，趁人家不在偷看人家的东西。"尔露有点犹豫。"没关系啦，看看语文书，又不看她的日记本。"花花边说边去找波波的语文书。"你们干什么？"没想到，波波这么快就回来了，把尔露和花花逮了个正着。"没……没干什么。"尔露脸涨得通红，只剩下结巴的分了。"就是语文笔记抄漏了，想借你的语文书看看。"还是花花反应快。"没关系，看吧，"波波大大方方地说，"左边第三本。要我给你们拿不？""不用了，谢谢。我们找到了。"幸好波波不介意，不过尔露心里想：下次还是别做这种事了，提心吊胆的，难受死了。一翻开书，尔露就惊呆了。只见书上随处可见不同颜色的标记，有些空白的地方还用这些颜色的水笔做了很详细的注释——难怪波波的语文成绩一直是班里数一数二的！

💜妈妈告诉我

尔露，下次记得要动别人东西前先和对方商量，征得别人同意后再用，这是基本的礼貌问题，是对别人隐私的尊重。波波很大方，不介意把笔记借给你们看，但是并不代表笔记就不是一个人的隐私。当然，后来你们是在征得波波同意下看的，这很好。既然你自己也意识到这点了，妈妈就不多加批评了。

妈妈想说的重点还不是这个。妈妈最想说的是关于波波的读书笔记的事。

相信你也看到了做笔记的好处。虽然波波的语文成绩好，并不一定全是因为她笔记做得好，但是笔记做得好，才有可能把所学的东西弄懂弄透。俗话说：好记性不如烂笔头。所以，学会边读书边做笔记对学习很有帮助。

那么，做一份好的标记，需要注意哪些方面呢？

首先，要对自己所要使用的符号体系有一个完整而系统的规划。比如，下面画红色波浪线的为重点记忆部分或者关键词句，下面画蓝色直线的为新学的知识点，下面画黑色双横线的为理解时要注意的地方。又或者前面标有三角形的为泛读的地方，标有红色五角星的为重点段落和篇章，带蓝色问号的是存有疑惑的需要等待老师进一步讲解的地方。

建议用红色代表需要重点学习的地方，因为红色相对课本中的黑色印刷字比较醒目，容易引起人的视觉注意。

总的原则是，自己心里明白什么图形标记代表什么意思，何种颜色表示需要重视的程度，并保持这些规则不变。如果总是更改颜色或符号标记代表的意思，最后就可能失去了做笔记的原本意图，书上只剩下连自己都不懂的花脸"大花猫"了。

其次，并不是说在书上做了标记后就万事大吉了。要适时地对做过标记的地方加以整理。比如认为是提纲挈领的重点内容，可以找个笔记本摘抄下来。以前打了蓝色问号的地方已经找到了答案的，可以把答案标注在课文旁边的空白处。也有些同学特别爱惜自己的教科书，不喜欢在上面写写画画，那么可以仍旧用蓝色的笔把这些已经解答了的问题抄到笔记本上。等到以后复习的时候，一看颜色，心里就明白了：当时在这个地方我是不大明白的。然后再对照现在心里是如何理解这个问题的，慢慢地，你就会发现，当初有疑问的地方已经通过你的重点注释，顺利得到解决了。

最后，需要强调的一点是，不仅可以用颜色来给所学的知识分类，那些小符号也可以，比如空心的小三角形，小圆圈，小五角星或者像"※""?"等这样的符号。只需要注意一点：符号越简单越好。不然，弄得过于复杂，最后自己都可能会被自己当初画的符号搞得晕头转向，到时候，别说起提醒作用，恐怕只剩下让人头疼的费解了。

标记做得好，常常是建立在对文章很好地理解的基础上的。所以，未理解前在书上随意乱画一气的做法是不可取的。光有标记，没有用心思考，也难以取得最好的效果。

如果在理解了之后，又有好的标记，那么复习时就可以提高效率，这时，你想学不好也不是件容易的事。

"一目 N 行"学习法

"这该死的英语报纸，怎么这么多内容啊！让人怎么看得完？"佳佳读不下去了，气得把报纸摔到了一边。"不是吧，你每个字都看吗？"惠惠看到佳佳发脾气了，马上停下自己正在阅读的《英语周报》。自从英语老师杨老师提倡大家人手一份英语报纸以后，每每到了休息时间，就能看到勤奋的学生拿着英语报在那里津津有味地"啃"着。

不过，报纸来得有点勤，每周都准时到，比墙上时不时停摆的大钟还准，每周一早上，大家刚到教室，学习委员就抱着一大堆报纸进来了，然后喊着："谁来帮忙接一下，快累死我了！"她不累才怪！班上 60 个同学，就是 60 份报纸，每份报纸都是 4 张 16 开的版面，这加起来就有 240 张。就算一张 10 克，也有 2400 克，近 5 斤呢。

"古人读书有'一目十行'之说，你听说过吧？"惠惠狡黠地笑笑，"我们现在流行的可不是'一目十行'了……"

"什么东东啊？"

"有些东西呢，要学会'一目 N 行'，知道不？并不是所有的学习材料都要像背语文书那样去背……"惠惠一语道破天机——难怪她订了两份报纸还能看得比别人快！

❤ 妈妈告诉我

佳佳，恭喜你，又听到一种好的阅读方法："一目 N 行"泛读法。

其实这种方法，中国古时候就有了，只是那个时候它还不叫这个名字，而叫"不求甚解"读书法。我们晋代的伟大田园诗人陶渊明就提倡这种方法。

惠惠说得很对，有些学习材料需要像背语文课文那样背诵。这种形式可以被归为"精读"。像这类学习材料呢，一般要求我们先了解，并且最好能说出它们的主要内容，也就是要理解，在理解的基础上要求背诵。这种精读法用在很多的日常学习中，可以让你们的基础打得更牢固，学到的知识更容易转化为自己的东西，从而达到为我所用。

当然了，还有一些材料只需要我们泛读就好了。泛读，简单点解释就是泛泛而读。这种材料，没必要弄清里面的每一个字或者词的意义。所以我们阅读的速度就可以加快，古人说的"一目十行"并不是一次看十行，而是指加快看书的速度，能够同时扫视多行。所以，也有人把这种阅读方法叫作"快速阅读法"或者"高效阅读法"。

这种阅读方法很适合今天这个信息爆炸的时代。

人们每天都接收到那么多的新信息，如果没有这种阅读方法，那么一个人想在一天之内接触到这些新的信息将是一件不可思议的事。更何况，每天几乎都有新信息。

怎么做到"一目N行"呢？在面对什么样的材料时可以"一目N行"呢？这是个问题。

首先看怎么做到"一目N行"。

根据心理学家实验观察表明，我们在阅读时，眼球的运动常常不是按字一个一个连着看下去的，而往往是抓住一些字精读然后再移到下一些关键字上。在移动的间歇，眼球会有短暂的停顿。也就是说，我们的眼球是跳跃式地移动的。而每次眼球停顿时，我们所能看到的文字信息量的大小常常和视觉广度有关。我们一般人的视觉广度大可以达到6～7个字，小可以达到3～4个字。如果我们阅读时，回过头去看已经看过的内容，所占用的时间就会加长。

在泛读的时候，还有一点需要注意：千万不能出声。因为如果一出声音，所需的时间就立刻加长，有人粗略估计，出声读所需的时间可能是无声阅读的时间的4倍。因为，人发出声音时，需要运行发音程序，文字要由视觉神经传送到大脑，这就浪费了时间。

当然，"一目N行"的阅读在刚开始的时候，可能速度没那么快。而且可能抓不住所看的文章的阅读重点。不要心慌，慢慢练习就可以提高速度。而且，这种技能也和一个人的知识水平和对所看材料的背景知识的熟悉度等很有关系。

具体有哪些要注意的呢？

第一，不要反复浏览，读过的就放过。如果你觉得有必要，第二遍再重来。第二，筛选最想知道的信息来读。第三，不要出声。这一点前面已经提到过，不再赘述。第四，身体坐正，视线与所读的材料垂直，这样可以保证扫视的内容更多。第五，全神贯注，一定不能开小差。

知道了这些注意事项，还有一点就是要弄懂读什么时可以"一目N行"。像英语阅读类的报纸就可以，另外广告、新闻类信息等也可以。如果碰到重要的或者自己喜欢的，也可以放慢阅读速度。并不是说所有可以"一目N行"的材料都应该被"一目N行"，这主要由阅读者自己的需求决定。

厚薄互返的读书法

"海蓝，你看看'椭圆'的定义，这里有没有什么问题？"媛媛拿着数学课本过来问海蓝。"不是吧？这又不是哲学课本，是数学课本，你干吗去抠什么定义啊，知道椭圆长什么样子不就行了？"海蓝还没说话呢，同桌嘉嘉就抢先回答了。"谁说数学课本就不能抠定义了？它好歹也是一个概念，我要是不弄清楚'椭圆'的概念，接下去我要怎么计算椭圆方程呢？"媛媛不甘示弱，"海蓝，你说我说得对吧？""死抠半天概念又怎么样？最后还不是要能解答出应用题才算数，"嘉嘉看媛媛不理她，有点生气，"题目做多了，概念自然就理解了。"

"你说的是没错。不过，如果先不搞定概念，我可能就解答不出相关的题目。所以，海蓝，你给我解释解释这里吧。"媛媛果然好脾气，对自己认定的东西就是要追求到底，对自己认定的不懂的问题就更要追问到底了。

❤️妈妈告诉我

海蓝，媛媛说得没错，不论学什么，首先要弄懂人家在讲什么，也就是涉及的概念是指什么。读书来不得半点捷径，知道就是知道，不知道就是不知道，想"和稀泥"来过关斩将，恐怕结果只能是自己被和了。媛媛这种踏踏实实、一步一个脚印的做法，比如每个概念都彻底地搞清楚，一条定理、已知条件和结论都了然于心，然后在证明中使用哪条定理等，都弄得十分明白的话，下次如果遇到相关的概念，也就不容易混淆，不容易出错了。不过，这样一来，本来很薄的一本书，可能由于学习者对每条内容都抠得很严而变得厚实起来，这种学习过程，就叫作由薄到厚的过程。

可以说，每门科目，不管文理，在初学的时候，都要经过这样一个过程。

在这个过程中，刚开始会有很多有疑问或者不明白的地方，这些地方常常需要查一些其他的资料才能让自己理解得更加透彻。查资料的过程，其实也是把原来薄薄的一本教科书加厚的过程：有了更厚重的专业知识背景。这个过程必不可少，它可以帮助你理解那看似简单的几句话的真正分量，有利于学习和记忆。

这个过程也许比较慢，要花一点工夫，但是经过一段时间的训练，比如说，理解了数学中的某个定理，然后做了大量的习题，并且同类型的题目都能保证准确无误。这时，你就会发现，原来它是要告诉我这样一个概念或者定理啊！原来用起来这么简单！

这个学习过程就是由厚到薄的过程。

这两个过程放在一起常常被人们说成是"厚薄互返读书法"。这个读书方法其实是我国著名数学家华罗庚的首创，是他总结归纳出的一种读书规律和方法。实际上，通过"由薄到厚"的学习、接受过程到"由厚到薄"的消化提炼过程，你学过的知识已经内化为自己固有的知识了。

那么这两个过程具体该怎样做呢？

第一步：确定该读的内容。没有目标的阅读有时候就像没有指南针的航海船不知道自己向哪个方向开，这是很危险的做法。所以，先得有个大致的目标范围和方向。

第二步：明确重点。内容定下来后，并不是所有的内容都需要你去抠。而是要明白在这些众多的内容中，哪些是重点要解决的对象。这时，可以用做笔记的方法对重点部分加以标记，以便下一步更仔细地学习。

第三步：反复理解、领会、记忆应该储存到脑子里的部分内容。万事开头难，尤其是在阅读文科性质的材料时，刚开始的时候，可能有些地方不怎么理解，想记也记不住，不过别担心，继续往下看就好了，往往后面可能会解答你起初的疑惑。数理化等科目在了解了概念的基本含义后，要多做练习题。

第四步：归纳概括。每学完一个章节都应该有一个归纳概括的步骤。这时可以用做笔记的提要法来进行归纳，最好用自己的话把主要观点和内容表达出来。

第五步：适时复习。对学过的需要重点记忆的知识点，往往不是记一次就能一劳永逸的，所以，常常还需要大家根据记忆和遗忘的规律适时地加以记忆。

切实做到这些，具体来说：文科知识，回答自己提出的几个纲领性的问题；理科知识，能应用原理和公式解答应用题。这时，一本书就让你给完全读薄了：只剩问题和原理公式了。那么，知识也就真正地学到手了。

专心致志地学，开开心心地玩

雅致正在一心一意地背着历史老师李老师让大家每天必须完成的任务。"再给我 10 分钟，就可以搞定这个历史题了！"雅致在心中默念着，很高兴地再一次忍不住去翻自己抄写的历史笔记。她惊喜地发现：按照李老师要求地去做，每天花半个小时的时间记住十个小题和两个大题是件多么容易的事！她已经不知不觉背了大半本历史书了！这些题都是李老师在每天的历史课上让大家抄下来的。他说："我和你们一起加强记忆。"所以，从第一天要求大家准备一个历史"背诵本"时，他就坚持把这些题一字不漏地板书在黑板上，而不是用幻灯片打出来。他说："这样，显得我们大家都干了一样的活，很公平。"李老师说到做到。

尽管大家都知道，粉笔字写起来远比钢笔字要吃力。也可能正是因为感恩李老师的辛勤工作，大家对他要求的每天完成的背诵任务基本没有怨言。每天中午，午休时间一过，大家便不约而同地拿出前一天抄写的历史笔记开始背诵。这样的习惯形成后，李老师开始每天抽背一些学生，表示对大家的鼓励。历史课上总会听到李老师对当天抽背的学生的表扬。良性循环发生了作用。班级的历史成绩发生了翻天覆地的变化，由上个学期的平均 30 分上升为平均 60 分。而这只花了半个学期的时间。毕竟，就快期末考试了，大家都明白，每分钟都应该踏踏实实地学点什么。

就在雅致完成今天的背诵任务，并高兴地松了一口气时，一张小字条递到了她的手里。上面写着：雅致，你是怎么静下心来的？我有点儿着急，看不进书了。你教教我。雅致笑不起来了。因为她知道字条是好朋友花花写的。好朋友的笔迹她一眼就看出来了。关键是雅致和花花已经有近一个月没讲话了。她们吵架了。现在花花主动求援，看来她是真的急了。雅致知道，花花心事重，性格温和，是个犹豫不决的人。她常常在学习的时候想着要去哪里哪里玩，而玩的时候呢，又担心自己没做完的功课。上次吵架就是因为雅致说了一句："你到底想怎样？"把花花彻底惹怒了。

面对这张字条，雅致很替朋友着急，因为一眼就看出来的不仅是好朋友的笔迹，还有纸上的泪痕。看来面对期末考试，花花的心静不下来了。"我该怎么帮她？"雅致暗自揣度，"她看不进书，我现在比她还急。"

♥妈妈告诉我

雅致，你真是个好女孩。看到朋友有困难，首先想到的是想办法帮助朋友，而不是计较之前的过节。对花花现在面对的困难，其实你可以把自己是如何集中精力做到专心致志学习的想法理清楚后原原本本地告诉花花就很好了。

你说得很对，花花的心不静，她太浮躁了。

面对升学，每个人都有压力。尤其是以前基础很差，现阶段需要大量背诵的科目，更需要大家踏踏实实地去学习，去积累。玩的时候想着学习，学习的时候又想着玩，这种"人在曹营心在汉"的心情最后只能是学也学不到什么，玩也玩得不开心。对花花来说，这个时候，良好的心态特别重要。

首先，花花要弄清楚一个问题。如果学习的时候，心里想着课间或者周末去哪里玩，又或者想着其他的事，这样时间会停下来说"你先想吧，我等你想好了，再继续往前走"吗？不会！你在胡思乱想的时候，时间仍在毫不留情地继续往前走，它在不停地流失。说得严重一点儿，你在浪费自己的时间。而在浪费时间的时候，你什么也没学到，什么事也没做，唯一做的就是：浪费光阴。

有句名言是"浪费时间等于浪费生命"。所以，一定要善待时间，珍惜时间，就像珍惜自己的生命一样。

就像生命只有一次一样，某一年某一月某一分某一秒也只有一次，在这一去不返的时间里我们所能专心做的事也只有一件。花花应该明白这个道理。

那么学习的时候怎样做到专心致志呢？花花可能会想：糟了，我已经落于人后了，我赶不上大家了，怎么办？这样想又能有什么用呢？只会让自己更着急而已，会加重思想压力，从而难以取得好的学习效果。

不要害怕，做什么事情，只要我们愿意开始，就不算晚。既然觉得自己落于人后了，那么就只能追赶。

制订好计划：比如别人每天背10个小题和2个大题，我大不了背15个小题和3个大题。这样每天都多出来一些，如果总共只有1000

个小题和 100 个大题，就算别人已经背到第 200 个小题和 40 个大题了，那么 40 天后，你们会重新站在同一条起跑线上：大家都将背完600 道小题和 120 道大题。就是这么简单的一个计算。

只要有计划，有目标，并切实地去努力实践它，再加上对自己的信心，剩下的就是去完成这些小而具体的计划了。这个时候，你每天关注的只是自己必须要完成的事，想不静下心来学习都很难。

但是，在学习的过程中，可能会觉得很无聊。这时可以给自己设一些完成任务的小奖励。比如 40 天后如果完成这次背诵计划，奖励自己放假一天，好好地约上死党们疯狂一下。

又或者，每天在枯燥的学习时，告诉自己：如果一小时内搞定这些，就奖励自己吃一颗棒棒糖或者听一首喜欢的音乐。这些奖励都可以帮助自己减轻对即将面临的学习任务的压力感和枯燥感，使每次学习都看起来具有诱惑力。

专心于事，而不是好高骛远，踏踏实实地想着手边的东西，那么心自然能静下来。不仅学习是这样，以后的工作也是这样。

真能如此，学得踏实了，玩起来还有不踏实的道理吗？那是不可能的，因为你的心里再也不会有牵牵绊绊、让你不安的事了。

第七章

享受生活，快乐才会溢满心间

我知足，我快乐

　　病来如山倒，病去如抽丝。昨天贝贝已经请假一天，在家里休息了，没有想到今天照样高烧不退。早上醒来贝贝发现自己浑身无力，说话都有些张不开嘴，一想起自己要落下很多功课，贝贝心里不禁有些着急。

　　"妈妈，我什么时候才能去学校啊?"贝贝问妈妈。"贝贝，你烧得太厉害了，需要两三天才能恢复，这些都是人体的正常反应。难道这点小痛苦你都承受不了吗?"妈妈温和地说。"嗯，总之生病让人心情不爽。"贝贝只管自己嘟嘟囔囔。"贝贝，人的一生难免会受到一些疾病的困扰，我们只要坦然去面对就好了。面对痛苦我们要乐观，要知道痛苦和快乐是一对孪生兄弟。难道一个小小的发烧就能把你打倒吗?""可是很难受啊。"贝贝很委屈地对妈妈说。"体力的恢复是需要时间的，只要你保持心情愉快，多吃点儿东西，很快就会康复的。最重要的是要保持一颗快乐的心。生活中只有懂得在痛苦中寻找快乐的人，才会过得有意义。这个时候就是锻炼你的时候，你要学会在这种病痛中找到快乐，才能更快地成长。"

　　"嗯，妈妈我知道了。有你的陪伴我很高兴，你温暖的胸怀可以让我倚靠。"听了妈妈的话，贝贝心里感到暖暖的，觉得自己其实是很幸福快乐的。"这就对了，贝贝，"妈妈很高兴地对她说，"懂得让自己快乐，能够让自己在痛苦中找到快乐，这是人生需要寻找的真谛之一。"

♥ 妈妈告诉我

贝贝，其实幸福本没有绝对的定义，许多平常的小事往往能撼动你的心灵。能否体会幸福，只在于你的心怎么看待。想要拥有幸福的生活，就要怀有一颗感恩的心。

有的时候我们会觉得自己拥有的一切不值得感恩，因为我们并不知道自己到底拥有哪些东西。朋友不值得感恩，因为他们并没有做什么让我们感恩戴德的事情。老师不值得感恩，因为我们是交了学费的。身体健康不值得感恩，因为我们还小，本来就不该有什么疾病纠缠。

卡耐基的著作中有这样一个十分感人的故事。故事的主人翁是一位名叫波姬儿的女教授，她是一位充满勇气、坚强乐观的女性，她写过一本自传体的书，书名叫《我希望能看见》。

小时候，她渴望和小朋友做游戏，但苦于看不清地上画的线。当别的孩子回家后，她就趴在地上认准地上的线，希望下次能和小伙伴玩。

她在家里看书，把印着大字的书靠近她的脸，眼睫毛都快碰到书页上了。最终，她得到了两个学位：先在明尼苏达州立大学得到学士学位，后在哥伦比亚大学得到硕士学位。

她开始教书的时候，是在明尼苏达州双谷的一个小村子里，然后渐渐升到南德可塔州奥格塔那学院的新闻学和文学教授。她在那里教了 13 年，也在很多妇女俱乐部发表演说，还在电台主持谈书本和作者的节目。"在我的脑海深处",她写道,"常常怀着一种怕会完全失明的恐惧,为了克服这种恐惧,我对生活采取了一种很快活而近乎戏谑的态度。"

1943 年,波姬儿已是 52 岁的老妇,奇迹出现了!著名的"美友医院"为她做了一次成功的手术。她能看清了,比她以前所能看到的还要清楚几十倍!

一个崭新的、令人兴奋的可爱世界呈现在她眼前。现在,她甚至在厨房水槽洗碗的时候,都会有激动的感觉。

"我开始玩着洗碗盆里的肥皂泡沫,"她写道,"我把手伸进去,抓起一大把小小的肥皂泡沫,我把它们迎着光举起来。在每一个肥皂泡沫里,我都能看到一道小小彩虹闪出来的明亮色彩。"

在常人看来,波姬儿是不幸的,然而她自己却觉得自己是一个很幸福的人,甚至在厨房洗碗的时候,也会因兴奋而战栗,所有这一切都是因为她是一个懂得感恩的人,总是努力享受自己已经拥有的东西,而不去想自己没有或者已经失去的东西。

懂得知足,懂得感恩,不仅要感谢帮助我们的人,更要感谢曾经以及现在拥有的一切。

世界无限大,而我们能够拥有生命、健康的体魄,享受食物、阳光,拥有家人的爱,这不值得感激吗?

没有人必须要对我好

青青手里捧着一个礼品盒走了进来。"青青,这又是谁送给你的啊?"惠惠看见了,好奇地问道。"不是别人送我的,是我买了送给别人的，"青青如实地说道，然后好像觉得这样有点跌份儿，又继续向惠惠补充说明，"上次我过生日的时候，是他先送我的。所以我才买东西送给他。"

"呵呵，"惠惠听她这么说完之后笑了，"其实，即便是别人不送给我们礼物，我们也可以主动先送给别人啊。""那可不行，如果别人没有主动给我送东西，我才不会主动送给别人东西。不管是过生日还是过节，这是我的原则。"倔强的青青说道。"如果所有的人都是你这种的逻辑，那礼品厂就该关门啦。"惠惠笑着对青青说。"哼，只有别人先对我好，我才会对别人好。我永远都不会向别人主动示好，那样我会感觉没有自尊的。"

青青所说的，应该是自己的真心话吧。青青要求"别人要先对她好，她才会对别人好"，如果人都变得不主动了，那彼此之间会不会很冷漠了呢？惠惠无从知晓。

♥妈妈告诉我

惠惠，卡耐基曾经说过："你见到的每个人都觉得自己在某个方面比你高明，因此通向他心灵的可靠途径就是用微妙的方式让他感到你承认他是重要的，而且要诚心诚意地尊重他。"

有这样一个故事：一个小孩不懂得见到大人要主动问好、对同伴要友好团结，缺少礼貌意识。聪明的妈妈为了纠正他这个缺点，把他领到一个山谷中，对着周围的群山喊："你好，你好。"山谷回应："你好，你好。"妈妈又领着小孩喊："我爱你，我爱你。"不用说，山谷也喊道："我爱你，我爱你。"小孩惊奇地问妈妈这是为什么，妈妈告诉他："朝天空吐唾沫的人，唾沫会落在他的脸上；尊敬别人的人，别人也会尊敬他。因此，不管是时常见面，还是远隔千里，都要处处尊敬别人。"任何人的心底都有获得尊重的渴望，受到尊重的人会变得宽容、友好、容易沟通。

在人际交往中尊重别人的人格是赢得别人喜爱的一个重要条件。人格，对每一个人来说，都是最珍惜、最宝贵的。对每一个人来说，他都有这样一个愿望：使自己的自尊心得到满足，使自己被认可、被尊重、被赏识。如果你不尊重他的人格，使他的自尊心受到了伤害，当时，他或许会一笑了之，但是，你却严重地打击了他。事实上，如果你表示出了对他的不尊重，即使他当时对你还是很友善，但是，如果他不是一个精神境界极高的人，他以后是不会很喜欢你的。这样，你就"赢得了战场，而输掉了战争"。

相反，如果你满足了他的自尊心，使他有一种自身价值得到实现的优越感，那么，这表明你很尊重他的人格，你帮助他获得了自我实现。他会因此对你所做的一切表示友好，对你有一种感激之情，他便会喜欢你。

一些高明的政治家都是精于此道的。为了笼络人心，赢得别人的拥护和支持，他们绝不轻易伤害别人的自尊和感情。一位评论华盛顿政治舞台的专家指出："许多政客都能做到面带微笑和尊重别人，有位总统则不止如此。无论别人的想法如何，他都会表示同意。他会盘算别人的心思，并且能掌握这些心思的动向。"只有尊重别人，别人才会喜欢你。你满足了别人的精神需求，别人才会满足你的精神需求。怎样才能算是尊重别人呢？

1. 不要总是自命清高，容不下别人的批评和建议。

对于别人的批评、意见，你要虚心接受，即使别人说的有不对的地方，你也不要当面反驳。不要什么事都认为自己正确，应该学会站在别人的立场考虑问题，这样就会改变你固执的做法。

2.对你周围的人要宽容。

别人一不小心得罪了你，并再三向你道歉，你却仍然骂骂咧咧，得理不饶人，结果只会导致你们之间的关系越来越疏远，最终失去一个朋友或能做你朋友的人。

3.不要在别人面前装出一副冷漠的神情。

你冷漠地对待别人，别人会以为你瞧不起他。如果你周围的人诚恳地向你征求意见或诉说苦闷，你却显出一副心不在焉、不感兴趣的样子，即使你心里并没有不尊重对方的意思，可你的行为已经伤了对方的心。

4.不要贬低别人的工作能力。

当你周围的人在某一方面做出成就时，你应该给予适当的赞扬，而不是对其成就进行有意无意地贬低。即使你周围的人工作能力不强，你也不要贬低他。否则，不但会使你们的交往不成功，还会激起更深的矛盾，甚至反目成仇。

最重要的一点就是要学会倾听。倾听，是有效的沟通过程中最强有力的招数，可是，事实上却很难找到喜欢倾听的人。如果你遇到真正听你说话的人，而且能告诉你，你所说的真正意思，而不是他以为你说的是什么，那就是珍贵的经历了。善于听别人说话的人，应该能给对方反馈，说话的人会有心照不宣之感。如果说话的人知道你的确在听他说话，就能更倾心、更热忱、更愿意回报。

道理很简单，听话者的态度会直接影响说话者的兴趣，假如你是一个说话者，而你的交流者没耐心听你讲话，或者把你的话当耳边风，随便敷衍，你绝对不会对他有好的感觉。相反，如果对方相当重视你的谈话，你肯定更容易和对方交流。

只有这样，才能赢得别人对你的好印象，你与他人的交往才能成功。

正确看待世界的不公平

考试成绩已经公布了，竹君只听见馨馨在那里一个劲儿地抱怨：

"我赶上的是 B 卷，如果是 A 卷的话成绩肯定会更高一些。哎呀，那个 B 卷上面的题恰好我不会，为什么要分 A、B 卷呢？这样做不公平，就算是排名次也不能说明问题，因为大家做的卷子不一样。"

原来，为了防止同学在考试的时候作弊，老师在举行考试的时候分别发放了 A、B 两套试题，这样相邻的同学就没有办法抄袭了，从而保证了试卷分数的含金量。可是这样的一个制度却引来了馨馨的抱怨，因为她偏巧赶上的是 B 卷，而那上面的几道题她又恰好不会做，这使馨馨大为恼火。

回到家之后，竹君和妈妈无意中谈到了这件事，妈妈笑着问竹君："如果换做是你，你会怎样想呢？""如果我复习得很到位，无论考什么都难不倒我。"竹君说道。"竹君说得对，"妈妈很赞同地说，"在考试的时候，我们任何人都无法预料会出什么样的试题，所以不能有任何的侥幸心理，只有踏踏实实地把该准备的知识点都摸清熟透，以不变应万变，才能保证取得好成绩，哪能寄希望于老师出的题目呢？"

听妈妈这样一开导，竹君也觉得馨馨做得不对，甚至有点不讲道理。原本就是馨馨没有复习好，反而怪老师出的题目不对她的胃口。

妈妈继续说道："什么事情，都不会是绝对公平的。只要分了A、B卷，肯定难易程度不一样。我们无法改变外在的条件，最好的方法就是做好自己。""嗯。"竹君点点头，发现妈妈说的话越来越有哲理了。

💗妈妈告诉我

竹君，命运并不是对每个人都公平的，有的人聪明绝顶，而有的人却天生残疾。然而造物主在创造世界万物时，他相信每一件事物都具有其存在的价值。如果我们只是空抱怨"一切都不公平"，那么做任何事情都注定不会有进展。在这个世界上只要找对了自己的位置，哪怕你只是一块不起眼的石头，总有一天也会发光、发亮。你要有足够的信心和毅力，并且要坚信"天生我材必有用"。

实际上，成功往往离你只有半步之遥。然而这半步，有时却要你为之付出几年、十几年甚至几十年的努力才能跨越。并不是说你没有能力，而是你很难相信自己有这个能力。在我们身边有很多女孩生活在自卑中，周围写满了不自信，总拿自己的弱点与别人的强项相比，却不愿对自己大喊一声"我能行"！

李海龙生下来的时候没有两个手臂，在他5岁时一场车祸又夺走了他的左腿。就这样，他的四肢只有一条右腿幸存。但父母从不让他因为自己的残疾而感到不安，积极培养他各方面的兴趣。

在一次收看残奥会转播节目时，他看到美国有个游泳运动员没有了一个手臂，却以近乎完美的表现夺得了冠军。顿时，小海龙萌生了学游泳，进残奥队，为国争光的念头。那年，小海龙才8岁。

但是教练却尽量婉转地拒绝了他，说他"不具备做游泳运动员的条件"，因为他只有一条腿，想要完成复杂的游泳运动近乎天方夜谭。

最后他申请加入地方残联游泳队，并且请求教练给他一次机会。教练虽然心存怀疑，但是看到这个男孩子这么自信，便对他有了好感，因此就收下了他。

两个星期之后，教练对他的好感加深了，因为他似乎已经克服了自身的身体缺陷，可以在游泳池中做一些常规的动作，并且做得很到位。小海龙一直坚持刻苦训练，别人练半小时，他就练一小时，因为他知道自己的先天条件太差，只能靠后天努力来弥补，而且他的目标是残奥会。

他一生最伟大的时刻到来了。那是残奥会的现场。在游泳比赛场馆里，各国选手一一就位，等待着发令哨响。海龙在工作人员的帮助下，站在起跳台上，面对着碧色的池水，他仿佛看到了五星红旗在冉冉升起，听到《义勇军进行曲》在耳边回荡，他微笑了。

出发了！只见海龙如一条梭鱼敏捷地跃入水中，奋力向前游。唯一的一条右腿掌握着平衡，由于没有手臂不能压水，他只能加快将头探出水面的频率，既是为了呼吸，也是用头与肩部代替了手臂，起到压水的作用。

海龙终于如愿以偿，他夺得了冠军。当他站在最高领奖台上，残奥会主办方代表将金牌戴到他脖子上之前，他请求代表将奖牌放在自己唇边，他要吻一吻它。

"真令人难以相信！"有人感叹至深。李海龙只是微笑。他想起他的父母，他们一直告诉他的是他能做什么，而不是他不能做什么。他之所以能创造这么了不起的纪录，正如他自己说的："天生我材必有用，我相信我能行。"

海龙是好样的，他不只为残疾人，同时也为普通人树立了一个好榜样。"身残志不残",这是他常挂在嘴边的话,也是支撑他坚持不懈的一个理念。

在日常的生活中,我们总是会听到有人在耳边抱怨"生不逢时""千里马好找,伯乐难寻""现在的工作不能体现自己的价值"。实际上,这些人都忽略了一些问题:他们是否将自己放在了正确的位置上?是否为自己创造了被伯乐相中的机会?还是仅仅总安慰自己"天生我材必有用"而不去做出努力以改变现状?

给自己营造一个无抱怨的世界

现在已经是晚上十二点多了,外面的雷声还在轰隆隆地响着,可爸爸还没有回来。秋荷已经困得不行了,虽然很想睡觉,但还是更想陪陪妈妈。秋荷走到客厅,冲了两包咖啡。妈妈看着秋荷,脸上露出了欣慰的表情,她说:"秋荷,妈妈觉得你比其他同龄的孩子要懂事得多。以前,妈妈总是抱怨你长不大,抱怨你自己不能独立完成作业,甚至会对你发脾气。其实,随着你的慢慢长大,你越来越懂事了。"

听了妈妈的话,秋荷的心里热乎乎的,妈妈居然在自己面前反省起来,哈哈。也许是她之前望子成龙心切的缘故吧,不过无论如何,秋荷都相信妈妈是世界上最爱自己的人,妈妈对她的责备,秋荷从来都不会怨恨的。如果自己变得抱怨了,或者总是为自己找到各种各样的理由和借口,那自己也很难得到快乐。

体悟良久,秋荷突然想起了一个故事:连绵秋雨已经连续下了好几天。在一个大院子里,有一个年轻人浑身被淋透了,满腔怒气地指着天空,高声大骂道:"你这该千刀万剐的老天呀!已经连续下了好几天雨了，弄得我屋也漏了，粮食也霉了，柴火也湿了，衣服也没得换了，你让我怎么活呀！我要骂你、咒你……"

这时，一位智者对年轻人说："你这样骂老天，过两天，龙王一定会被你气死，再也不敢下雨了。""哼！它根本听不见，我骂它其实也没什么用！"年轻人气呼呼地说。"既然明知没有用，为什么还在这里做蠢事呢？与其浪费力气在这里骂天，不如撑起一把雨伞，自己动手去把屋顶修好，去邻家借些干柴，把衣服和粮食烘干，好好吃上一顿饱饭。"智者说。

一味抱怨的人生永远都不会快乐，遇到事情要先想解决问题的方法，而不是怨天尤人。因为不抱怨的人，才会积极地去生活，最终才会跨越困难，获得快乐和幸福。

嗯，说到做到。秋荷决定，以后再遇到问题，一定要先看书，把定理和公式弄明白，然后再按照书上的方法去解决，而不会像以往那样抱怨出题的人变态。

❤ 妈妈告诉我

"事情怎么会这样呢？真是烦人！""我这次考试没考好，全都怪昨天晚上没睡好！""考试题出成这样，老师根本就是在为难我们。""太讨厌了……"

秋荷，这是不是你经常挂在嘴边的话？心情不愉快的时候，这些抱怨的话好像不经过大脑自己就到嘴边了。然后心情就会变得很沮丧。

在这样的精神状态下，不难想象，你犯错误的概率自然要比别人高，然后就会出现许多新的烦恼，那么你又开始新一轮的抱怨——沮丧——出错——倒霉……

其实，抱怨只是暂时的情绪宣泄，它可做心灵的麻醉剂，但绝不是解救心灵的方法。

罗曼·罗兰说，只有将抱怨环境的心情化为上进的力量，才是成功的保证。也有人说，如果一个人在青少年时就懂得永不抱怨的价值，那实在是一个良好而明智的开端。倘若我们还没修炼到此种境界，就请记住下面的话：如果事情没有做好，就千万不要为抱怨找借口。

古人云：人生之事，不顺者十之八九，常想一二。这句话的意思是说，人活在世上，十件事中有八九件都会使人不顺心，但要常去想那一两件使人开心的事。每个人都会遇到烦恼，明智的人会一笑了之，因为有些事是不可避免的，有些事是无力改变的，有些事是无法预测的。能补救的应该尽力补救；无法改变的就坦然面对，调整好自己的心态去做该做的事情。

其实，只要放平心态，你也可以活得平静而满足。

有一个人从一棵椰子树下经过，一只猴子从上面丢下来一个椰子，正好打中了他的头。这人摸了摸肿起来的头，然后把椰子捡起来，喝椰汁，吃果肉，最后还用椰壳做了一个碗。

朋友，假如猴子丢下的那个椰子打中的是你的头，你会用什么态度来对待这个"意外的打击"呢？如果是怨恨，是咒骂，那么不但无济于事，反而还会使你的心情变得更糟糕；如果你选择了积极的心态，就像故事中的那个人一样，只是摸了摸头上的肿块，然后捡起椰子，饶有兴致地吃掉果肉，并把椰壳做成一只碗，这时，你也有可能因心情变好而感谢那只猴子、头上的肿块和椰子。因为如果没有这一切，或许你就无法排解旅途中的寂寞、饥饿和无聊。

青春的天空本该是明媚的，但是抱怨却如阴云一样使明朗的蓝天变得浑浊。抱怨的人不一定不善良，但常常不受欢迎。抱怨就像用烟头烫破一个气球一样，让别人和自己同时泄气。谁都不愿靠近牢骚满腹的人，怕自己也受到传染。抱怨除了让你丧失勇气和朋友外，别无他用。

青春要拒绝抱怨，如果真的遇到问题，就应该去寻找克服困难、改变环境的办法；青春更应摒弃抱怨，因为抱怨是一种坏习惯，你要做的就是化抱怨为抱负，变怨气为志气。

世界是美丽的，世界也是有缺陷的；人生是美丽的，人生也是有缺陷的；成长是美丽的，成长也是有缺陷的。因为美丽，才值得我们活一回；因为有缺陷，才需要我们弥补，需要我们有所作为。

用心才能享受生活

爸爸妈妈计划周日带上木木一起去附近的河边钓鱼，木木心里别提有多高兴了。但是到了周日那天，吃过早饭之后，妈妈却跟木木说："木木，爸爸昨天晚上接到客户的邀请，今天要去陪一个客户打高尔夫球，不能陪我们去钓鱼了。我们先去河边好不好？"木木露出了失望的表情，妈妈接着对木木说："你一定知道爸爸很辛苦，既然爸爸是去打高尔夫球，那也算是休息了。我们先去河边逛一逛，然后我们一起等爸爸，好吗？"听了妈妈的话，木木也只好强装着微笑与爸爸告别了。

爸爸走了之后，木木还是有点儿不高兴，妈妈就和木木说："爸爸那样辛苦工作，我们要理解他、支持他。这样他才会觉得自己所做的事情是值得的。一个人很难遇到自己喜欢做的工作，如果我们支持他，爸爸就会更加努力地工作，即使遇到了困难和麻烦，也会很积极地处理。当他最终取得成就的时候，才能感到快乐和幸福。"

下午，木木背着鱼竿和妈妈在河边溜达的时候，突然接到了爸爸的电话，说他正在往回赶。得知这个消息，木木很高兴，和妈妈坐在树荫下等待爸爸的到来。

这个时候，木木觉得自己幸福极了，她喜欢眼前的美景还有跟爸爸妈妈在一起的美好瞬间。木木忽然间觉得自己不应该对爸爸有怨言，因为他有自己的事情要做。每一个人都有自己的生活，只要能开心地生活，每一刻都是值得珍惜的，只有珍惜才能感觉到更多的幸福。

💗 妈妈告诉我

木木，在日常生活中，我们常常可以看到两种生活状况迥然不同的人。一种人是每天风风火火，又忙家务，又忙孩子，又应付工作，又应酬于亲朋好友之间的交际，又惦记着股市行情，又盘算着寻找一份第二职业，又关注着分房动向和职称评定，又算计着如何赢得领导信任以谋个一官半职，如此等等。总之，他们是行踪不定，难得清静，一副大忙人的样子。但是，他们实则是忙乱不堪，制造噪声，不自觉地干扰他人平静的生活。姑且不论他们的办事效率是否高，生活是否充实，客观地讲，活得好累，想必是他们想否认也否认不了的人生感受。

而另一种人，则与之截然相反。他们不但把家务和孩子料理得十分周到，井井有条，而且工作干得有条不紊，人际关系也是正常和谐。他们也不是不关心职称、住房什么的，甚至也可能与股票、第二职业之类的东西有关系，但是，他们却以高效的工作成绩、平和的人际关系和高超的生活艺术等，赢得了领导和同事的称赞。他们给人一种特别有条理、特别自信、特别轻松愉悦的感觉，其自身的内心感受，想必也是如此吧。

不要以为，这都是成人的世界，其实你们的身上也有这样的影子。

有的人像前者，整天沉浸在网络、交际、各种娱乐活动中，于是不管是学习还是生活都异常紧张。而有的人则像后者，看似气定神闲，却能够把自己的学习和生活安排得井井有条。

生活像一个菜园，并不是种得越多越好，而是打理得越井井有条越好。打理生活的菜园子，是一门有趣的学问。

47岁的美国人南希，在众人的眼中是一个成功的职业女性。她独立、能干，有私人小汽车，在郊区还有一套不错的大房子，经常有机会出入一些重要聚会。很多人都羡慕南希，可是她却有许多别人不知道的烦恼。南希说："虽然我的一些成就让人刮目相看，我却想不透大家夸赞我什么。我这一辈子都在努力成就这样或那样的事，可是现在我却怀疑'成就'究竟是指什么。我永远在压力下工作，没有时间结交真正的朋友。就算我有时间，我也不知道该如何结识朋友。我一直在用工作来逃避必须解决的个人问题，所以我一个任务接一个任务地去完成，不给自己时间去想一想我为什么要工作。假如时间可以退回去十年，我会早一些放慢脚步考虑一下，学会用心生活，那就不会像现在这样感觉匮乏了。"

这对我们同样具有启发意义，当你不停地奔波忙碌，将自己置身于各种纷乱的生活中时，不妨让自己的学习和生活简单一些。

首先你要让自己的外部生活环境简单一些，因为如果你不再为它们花费过多的时间和精力，那么就等于你为自己赢得了更多的时间和精力去平衡你的生活，由此更深层地认识自我。

现代医学已经证明，人的身体和精神是紧密联系在一起的，当人的身体被调整到最佳状态时，人的精神才有可能进入轻松时刻；而当人的身体和精神都进入佳境时，人的灵魂，也就是人的生命力才能进行简单化，然后才能达到更上一层楼的境界。

你是否体验到时间的匆匆和一去不复返？你是否真正地清楚自己现在的感受？你的时间为什么总是很紧张？其实你只需换一个视角，换一种态度，就可以改变现在一团糟的状况，然后全身心地投入最有意义的生活。

要知道，只有用心才能享受生活。

我可以原谅自己的缺陷

妈妈希望娜娜能够成为一个有礼貌的孩子，所以每当有长辈来到家里时，无论娜娜正在房间里做什么，都会放下手中正在进行的事，从房间里走出来叫一声"叔叔好""阿姨好"。

这个时候，长辈们总会对妈妈说："你家的孩子真懂事，真乖。"得到了长辈的表扬，娜娜就会很满足，美滋滋地离开。看到妈妈高兴的样子，娜娜也觉得自己的表现没有为妈妈丢脸。

但有的时候，娜娜和妈妈一起出去做客，她却表现得很不自然。

如果有人问话，娜娜总是小心翼翼地回答，生怕什么说错了。回到家，娜娜总会问妈妈，"今天我是否有表现不好的地方？""我是否说了不该说的话？"只有得到了妈妈的肯定和表扬，娜娜才会放心。

不过这样时间久了之后，娜娜发现自己变得敏感了很多，每做一件事情，说一句话都很担心这样是否合适，是否伤及别人，所以渐渐地她都不敢说话了。

💗 妈妈告诉我

娜娜，实际上你的这种担忧是多虑了。"呀！刚才是不是说错话了，她看来有些不高兴！"刚才和一个好久不见的朋友打招呼，你似乎说错了什么，因为对方的神情明显有些不悦。"我觉得你应该不会拒绝。"你在猜测别人的想法。"我知道你是世界上最聪明的人，你做得棒极了！只有我像个丑小鸭！"你的奉承因为你夸张的动作和表情让人觉得你很不真诚，虽然夸奖了别人，但诋毁自己的做法并不可取。在与人交往的过程中，难免会出现这样那样的行为，很多时候，当事情结束了，再回过头想一想，或许你会为自己的行为而感到懊恼，因为在你看来，那些行为并不完美。事实上，人的行为并非一成不变，因此，你可以通过本身的努力对此加以改善，不妨从现在开始就试着改变它们。

1．"我从小身体就不好，妈妈说小时候我经常吃药打针，而且妈妈今天居然帮我准备了这双鞋！这双鞋一直很挤脚，跑起来就更疼了！"体育课上，你使尽力气也跑不快，你觉得很难堪，于是你向人这样解释着。

千万不要因为烦恼就责怪任何人或事。实际上，根本不要谈到你的困难，更不要在进入下一个步骤之前提到它们。因为任何寻求怜悯，企图使你自己当时感觉好些的措施，都会削弱你个人的力量，如此更会使你自己成为可怜虫或受害者。

2．"这是表姐向我推荐的学习资料，她说很好的！"

也不要将你的选择归罪他人，不要引据他人的意见。你去哪个补习班或用哪套学习资料，不要说是别人极力推荐的，要为自己的选择负责。引用别人的意见通常不会造成损害，但如果你的自我意识非常薄弱，就会使情况恶化。因此，数周内不要引据他人的意见，然后再看看这种扩大效果的方法是否奏效，你是否觉得好些，或没什么不同，或若有所失。

要记住，一旦做了就不要逃避责任，纵然是采纳别人的意见而大祸临头。

3.“我们一起去游泳吧！”

还要避免使用“我们”。你想拒绝一项邀请，就说你很累，不管你的同伴是否也有同感，尽量使用第一人称单数的说法。

4.“这首歌我觉得你肯定喜欢！”

还要注意不要告诉别人他们的感觉。“我相信你不会喜欢的。”“我知道××使你不悦，所以我不邀请他。”别人的想法和你一样经常会改变。你可以问问他自己的感想，但不要越俎代庖，告诉别人，经常企图预测别人想听的话，这正是好好先生典型的翻版。结果只会增加你对平凡的自我和一些被激怒朋友的恐惧感。

5.“我应该照你说的去做？”

有的人游移不定，这时也要注意：不要让他人左右你的思想。提醒他们时“态度宜温和”，你当时的感觉是基于本能而生的，无论如何这都是你的权利。永远不要为了维持和平而向他人道歉。

另外，当你向朋友或陌生人谈到自己时，不要只叙述事实。在这几周内，尽量少把事实平铺直叙地说出来，而代之以意见和反应。不要提到有关身份地位的象征，以免使陌生人铭记在心。同时避免机械式的对白，就好像细数你那天从早上六点开始的所作所为一样。如果你已经知道一个故事会按照什么方式讲，就不要把它说出来，因为背诵式的说明将会增加你在毫无准备的情形下对于说错话的恐惧感。

如果能够按照以上意见去做，你一定会发现，改变行为原来一点儿也不难。

自己给自己鼓掌

勤勤的学校要组织一次以"爱护绿地，爱护公共设施，争做文明市民"为主题的教育活动，勤勤被光荣地选为学校的形象标兵。要知道，勤勤还是第一次参加这样的活动，而且还被评选为标兵，她的内心有点忐忑不安。虽然学校已经进行过集体培训了，但是明天活动就要正式开始了，对于明天的表现，勤勤没有十足的把握，似乎也不像之前那样信心满满了。

"哎呀！关键时刻不要掉链子啊！"勤勤在心里暗自犯嘀咕。

晚上回到家，勤勤和妈妈打了声招呼后，就直接钻进了卧室。

而妈妈似乎观察到了勤勤的小异常，轻轻推开房门来到她的屋里。

"勤勤，你怎么了？"妈妈问道。"妈妈，我是学校的形象标兵，全校也就几个人。明天我们就要登台亮相了，但是现在我觉得很没底气，不知道自己明天的表现会怎样。""哦，原来是因为这件事情啊，"听了勤勤的解释，妈妈如释重负，"勤勤，让妈妈来给你讲个历史故事好吗？"接下来，妈妈就告诉了勤勤这样一个故事：战国时期，毛遂在四公子之一平原君门下做一名门客。公元前 257 年，秦国军队包围了赵国都城邯郸，赵惠文王派平原君出使楚国请求援助。但楚王不是个容易对付的角色，于是平原君带了二十个门客前去，如果能通过谈判达成协议，固然最好，如果不行就用武力强迫楚王同意。可是，他挑来挑去还缺一个人。

这时，有个人站起来，对平原君说："主公，我自认为符合去的条件。"平原君觉得他眼生，便问他："你叫什么名字？到我门下多长时间了？"门客说："我叫毛遂，来三年了。"平原君说："有才德的人，就像锥子在口袋里一样，很快就会显露出来。你在我门下这么久了，却从未听到有人称赞过你，可见你才能一般。这次任务关系重大，我看你还是免了吧。"

毛遂说："正因为您没有把我放在袋子里，所以我才没有冒尖儿。"平原君听他出言不凡，刚好又找不到更为合适的人选，就决定让他跟着一同去。

到了楚国，楚王果然没有合纵抗秦的打算。众门客束手无策，只见毛遂不慌不忙，拿了宝剑，来到平原君与楚王面前，楚王命他退下，毛遂按着宝剑说："你用不着仗着人多势众，如此呵斥我。如今我离你只有十步之遥，我主公在这里，你发什么火！"

楚王看他拿着宝剑，便和气地说："那我倒要听听先生的高见了！"接着，毛遂向楚王详细分析与赵国结盟有百利而无一害，楚王听了当即与平原君歃血为盟，并派春申君黄歇为大将，率领八万大军，浩浩荡荡地前去援助赵国。毛遂也因此赢得了平原君和其他门客的尊重，一举成名。

讲完这个故事之后，妈妈舒了一口气，温和地对勤勤说："孩子，毛遂出使楚国是凭借自信争取的机会，然后才让自己一举成名，获得了成功。你被选中成为全校的形象标兵，是一种幸运，更是对你自身的肯定。很多同学都没有争取到这个机会，所以你要珍惜，相信自己能够做得很好，做得很漂亮。"

"嗯，"听了妈妈的鼓励，勤勤信心满满，"那我明天要好好表现。"

妈妈听了很高兴："孩子，不要让他人的言论左右了你的思想，要相信自己内心的想法，努力去实现它，这样，你才能够取得人生的胜利。孩子，妈妈相信你是最棒的。妈妈等你的好消息。"

💗妈妈告诉我

勤勤，自尊是建立在自重和自爱的基础之上的。一个尊重自己的人，能够正视自己的价值，既不妄自菲薄、自暴自弃，也不会随意放任自己，降低对自己的要求。

有一个小男孩在孤儿院长大，他常常为自己的出身而自卑。有一次他悲观地问院长："像我这样没有人要的孩子，活着究竟有什么意思呢？"院长笑眯眯地对他说："孩子，别灰心，谁说没有人要你呢？"

有一天，院长亲手交给男孩一块普通的石头，说道："明天早上，你拿着这块石头到市场去卖，但不是真卖。记住，无论别人出多少钱，都不能真卖。"

男孩一脸迷惑地接下了这块石头。

第二天，他忐忑不安地蹲在市场的一个角落里叫卖石头。出人意料的是，竟然有许多人要买那块石头，而且一个比一个价钱出得高。男孩记着院长的话，没有卖掉石头。回到院内，他兴奋地向院长报告，院长笑笑，要他明天拿着这块石头到黄金市场去叫卖。在黄金市场，竟然有人出比昨天高出十倍的价钱买那块石头，男孩拒绝了。

最后，院长叫男孩把那块普通的石头拿到宝石市场上展示。结果，石头的身价比昨天又涨了十倍。由于男孩怎么都不卖，这块石头被人传扬成"稀世珍宝"，参观者纷至沓来。

男孩兴冲冲地捧着石头回到孤儿院，他眉开眼笑地将一切情景禀报给院长。院长亲切地望着男孩，说道："生命的价值就像这块石头一样，在不同的环境下会有不同的意义。一块不起眼的石头，会因你的惜售而提升它的价值，被说成是稀世珍宝。你不就像这块石头一样吗？只要自己看重自己，自我珍惜，生命就有意义、有价值。"

一个人只有珍惜和看重自己，生命才会有意义、有价值。每个人的生命就像故事中的石头一样，只有你先珍视和看重自己，别人才会看重你。

我们的价值不是取决于别人对我们的态度，也不会因为我们遭受挫败而贬值，无论别人怎么侮辱你、诋毁你、践踏你，你的价值依然存在。

因此，任何时候都要正视自己的价值，不要因为别人对自己的评价和态度而改变对自己的看法，无论别人怎么说，你的价值都不会因之而改变。

常言道，天生我材必有用，但这个有用的前提是将个人价值与社会价值统一起来，做一些对他人有用的事，这样我们才能充分施展自己的才华，实现自己的理想。

杰克是一位黑人青年，从小在一个环境很差的贫民窟中长大，由于缺乏教育和引导，他跟别的坏孩子学会了逃学、破坏财物和吸毒。他刚满12岁就因抢劫一家商店被逮捕；15岁时因为企图撬开办公室里的保险箱，再次被逮捕；后来，又因为参与对邻近一家酒吧的武装打劫，他作为成年犯第三次被送入监狱。

一天，监狱里一个年老的无期徒刑犯看到他在打垒球，便对他说：

"你是有能力的，你有机会做些你自己的事，不要自暴自弃。"

杰克反复思索着老囚犯的这席话，突然意识到，虽然他还在监狱里，但他具有一个囚犯能拥有的最大自由：他能够选择出狱之后干什么；他能够选择不再成为恶棍；他能够选择重新做人，做一个对社会有价值的人。

5年后，杰克成了明星赛中底特律老虎队的队员。底特律垒球队当时的领队马丁在友谊比赛时访问过杰克所在的监狱，他通过努力使杰克假释出狱。不到一年，杰克就成了垒球队的主力队员。

推销独特的自己

在凌凌的家庭成员中，姐姐是她的"偶像"，因为凌凌的姐姐萌萌不仅是一个成绩优异的学生，而且还是一个很有办事能力的班干部。凌凌经常分析萌萌姐姐如此强势的原因，觉得和她是白羊星座有关。

凌凌还记得当时萌萌姐姐还在上学的时候，班主任老师对她说："你是个女孩，所以请你来当副班长好不好，我们再选一个男同学当正班长。"没想到的是，萌萌姐姐很果断地对班主任老师说："如果要我当班长，我一定要当正班长，不要当副的。"

老师看到萌萌姐姐的态度如此肯定，那种自信让老师不得不相信她是个有能力的学生，所以选择她任班长。而且，姐姐这个班长一直当到毕业，没有人能够取代她。

凌凌很为自己的姐姐叫好。如果要问萌萌姐姐有什么"成功秘诀"，她一定会说："自己相信自己，让别人相信自己，然后努力去做就 OK 了。"这就是凌凌的姐姐，凌凌真希望有一天也能像她一样

"强悍"。

💗 妈妈告诉我

凌凌，不管是参加班干部竞选还是进行社会实践，要想脱颖而出，每个人都必须有自我推销的能力。

也许当你看到"推销"这个词时会觉得诧异，因为在很多人看来，推销似乎针对的只是商品，而且推销只是成人的"活计"，其实，事实上并非如此。

你想做班长，就要列出你认为自己可以当班长的优势；你想参加社会实践，就要表明你的诚意，你的责任心、学习能力等。你现在是学生，总有一天会走上社会，你如何在这个竞争激烈的社会立足，让它接纳承认你？首先，你自己要能肯定自己，自己能够推销自己。

生活中，我们往往可以看到有的人能力并不强，可是却获得了一份很好的工作，有的人虽然满腹才学，却呆板木讷，碌碌无为。这并不难理解，前者之所以能获得不错的工作往往是因为他善于推销自己。而如果你认识不到自己的价值所在，推销又从何谈起呢？生活本身就是一个不断推销自己的过程，这也就要求我们必须学会推销，掌握推销技巧。

1960 年，美国大选到了剑拔弩张的时候，在两位主要候选人约翰·肯尼迪和查理·尼克松之间展开了一场非常关键而激烈的电视辩论。

辩论前，很多政治分析家都一致认为肯尼迪处于劣势，因为他年纪轻，名气比较小，而且是一位天主教徒，虽然非常富有，但是说话的时候操着浓重的波士顿口音。实际上，美国观众在电视荧屏上看到的却是一个心平气和、说话很轻松又富有幽默感的肯尼迪先生，面孔十分讨人喜欢。坐在旁边的尼克松却显得饱经风霜，紧张而不自在，据说，就是这次电视辩论，使肯尼迪借机很好地推销了自己，从而赢得了美国大众的喜欢，最终打败了强劲对手尼克松。

如果想了解自己的价值，以至于能够成功地推销自己，我们应该做些什么准备工作呢？第一，要了解自己的具体情况。比如通过问自己一些"我是什么样的人""我有什么优点和缺点""我能满足他人什么需要""我最擅长的事情是什么"等问题来了解自己。第二，要充满自信心。在推销自己的时候，只有充满自信，才具有感染力，才能让对方相信自己的优秀，让对方明白接受你的推销才是当前他最好的选择。第三，要有沟通表达能力。出众的口才和沟通能力更容易让别人相信你所说的每一句话，从而达到你的目的。平常你可以多和他人沟通，并通过辩论来提高自己的口才。第四，注意外在形象。你不一定要拥有美丽的外表，但是务必要给人以清爽的感觉。第五，认识对方。一个人要想成功地推销自己，还要弄清楚对方是谁，判断对方的看法和观点。再根据具体情况见机行事，不能盲目乱来。

此外，还需要掌握推销的要领：

1. 要善于面对面推销自己，并注意遵守下面的规则：依据面谈的对象、内容做好准备工作；语言表达自如，要大胆说话，克服心理障碍；掌握适当的时机，包括摸清情况、观察表情、分析心理、随机应变等。

2. 要有灵活的指向。萝卜青菜各有所爱，对人才的需求也是这样。有时你虽然针对对方的需要和感受去推销自己，但说服不了对方，没有被对方接受，那么你就应该重新考虑自己的选择。倘若期望值过高，就应适时将期望值降低一点；还可以到与自己专业技术相关或相通的行业去推销自己。美国咨询家奥尼尔这样说："如果你有修理飞机引擎的技术，你可以把它变成修理小汽车或大卡车的技术。"

3. 要有自己的特色，这样才能引起别人的注意。

4. 应以对方为导向。要注重对方的需要和感受，以此来说服对方，并被对方接受。

5. 要注意控制情绪。人的情绪有振奋、平静和低潮三种表现形式。在推销自己的过程中，善于控制自己的情绪，是一个人自我形象的重要表现方面。情绪无常，很容易给人留下不好的印象。为了控制自己开始时亢奋的情绪，美国心理学家尤利斯提出三条忠告：低声、慢语、挺胸。

没有人天生就是自我推销的高手，也许你胆小害羞，也许你不善言谈，而自我推销无疑是对你自己的一个巨大挑战，勇敢地向自己挑战吧！

我不是世界的中心

再过几天就是晓白的生日了，爸爸妈妈说今年要给晓白过一个"豪华级别"的生日——举办生日晚会，会请很多人过来陪她一起过生日，除了爸爸妈妈的比较要好的一些朋友、同事之外，晓白也想请她班上的同学过来。

晓白兴冲冲地抓起了电话，给所有能想到的人都打了电话，最后她想起了班上最不爱说话的男生张亮，晓白也想邀请他过来，让他和同学们的关系更加融洽一些。"张亮，下个周六的晚上，我要在家里举行一次生日晚会，我和爸爸妈妈都希望你能够参加，你有时间吗？""我还是不去了吧，路途太远了，怕晚上回来之后不方便。"

其实晓白心里清楚，张亮是害怕见到许多的陌生人，于是晓白安慰他说："没事的，咱们班上很多同学都会过，我还和妈妈说了，你的口琴吹得特别好，准备给你安排一个节目。如果你不来的话大家会感到遗憾的。"

"这样……那好，周末我过去吧。"电话那头的张亮终于大大方方地答应了。

妈妈一直在晓白后面听她打电话，她表扬晓白说："晓白做得不错，你能够让别人感觉到他在你心目中的重要地位，这是一个很好的习惯。每一个人都有被尊重的需要，我们要满足人们的这种需要，这样很多事情都会迎刃而解。"

"嗯，那我们怎样才能让别人感觉到他很重要呢?"晓白想进一步请教妈妈。

"其实很简单，只要在生活中不吝啬自己对他人的由衷赞美和认可，能尊重他人的兴趣爱好，在你的尊重和认可中让对方认识到自己的价值就可以了。这也是发挥你影响力的一种重要途径。"

嗯，晓白明白了，在生活中要懂得尊重别人，赞美别人，因为自己并不是这个世界的中心。

♥ 妈妈告诉我

晓白，很多人都有类似的体会：当被别人夸奖学习成绩好时，心里顿时觉得美滋滋的；当别人说你很懂礼貌时，你的笑容顿时绽放如花；当有人夸你漂亮时，你会一整天心情愉悦。而当你由衷地赞美对方时，你会发现，对方的反应也会同你一样。甚至是两个陌生人之间，也会因为一句赞美而迅速地拉近距离。

每个人都渴望得到别人及社会的肯定和认可，尤其在付出了必要的劳动和热情之后，都期待着别人的赞美。

所以，不妨把自己需要的东西先慷慨地奉献给别人，而这无疑是在给你的人际交往添加润滑剂。

世界上的人大都爱听好话，没有人打心眼儿里喜欢别人来指责他，即便是相濡以沫的朋友，你批评几句，对方往往脸上也有挂不住的时候。

美国哈佛大学的专家斯金诺通过一项实验研究证明，连动物的大脑，在收到鼓励的刺激后，大脑皮质的兴奋中心也会开始努力调动子系统，从而影响它行为的改变。同样的道理，人作为万物的灵长，期望和享受欣赏是人类的基本需求之一。

林肯有一次在写信时，开门见山地说："任何人都喜欢受人奉承。"美国著名心理学家威廉·詹姆斯也说："人性深处最大的欲望，莫过于受到外界的认可与赞美。"

人类正是因为有这种渴望与价值的冲动，才会有人在一文不名、帮人打杂的情况下，仍不惜花掉仅有的微薄工资，去买书来看，以充实自己、提高自己。

这个可怜的杂工绝非虚构，他就是美国前总统林肯。

人类大部分的成功和失败都源于对这种需求的满足。许多在事业上卓有成效的伟人正是因为他们懂得这种取人之术——真诚地赞美他人。

罗斯福的才能，就表现在对正直人士给予恰当的称赞上。毛泽东也不例外，他更是赞美别人的专家，他赞美刘胡兰"生得伟大，死得光荣"；赞美张思德"为人民利益而死，重于泰山"；赞美解放战争中的彭德怀"谁敢横刀立马，唯我彭大将军"。毛泽东真可谓是用赞美的手段推动社会进步的第一人。

然而，在现实生活中，我们却往往忽略了赞美。通常情况下，我们不惜一切地供给我们的家人、朋友生理所需的养分，却从未注意到他们的自尊一样需要细心的灌溉、滋养，适度的赞美和鼓励将会像一篇优美的乐章一样，在他们心中萦绕不去。

当然，如果赞美并非发自内心，而是流于一种肤浅、做作的巴结或谄媚，将是毫无意义的。那种虚假的并非发自内心的赞美，就像假钞一样，胡乱使用，早晚会惹来一身麻烦。人一生中，除非碰上了什么重大问题，否则，至少有95%的时间都花在想自己的事情上。我们只有稍歇片刻，试着去想想别人的优点，才有可能真诚地赞美别人，而不至于口是心非，纯为外交辞令式的恭维谄媚。

赞美的力量是巨大的，所以，在面对别人的时候，发现对方的优点，并给予真诚的赞美吧！

没有完美的选择

甜甜的妈妈有晚上收听广播的习惯，在妈妈收听的所有节目中，甜甜最喜欢的是安然主持的《财富星空》。

晚上甜甜要回房间写作业了，临走之前不忘告诉妈妈："妈妈，等《财富星空》开始的时候，您一定要叫上我。我们一起听。"

"好啊。你也喜欢安然的这个节目。"妈妈笑着说。

"当然，她的声音和妈妈的声音很像。"甜甜说道。

这次在《财富星空》节目中，主持人讲述了一个比尔·盖茨的故事：

在比尔·盖茨读中学的时候，他接到全国最大的国防用品合同商TRW公司的电话，要他南下面试。为了实现自己的梦想，比尔·盖茨征得学校的同意后，去TRW公司做了三个月的"临时工作"。

三个月后，比尔·盖茨回到学校。他补上之前落下的功课，并参加期末考试。

对他来说，电脑课当然不在话下，他毫不担心。其他功课他也很快赶上了。结果他的电脑课老师只给了他一个"B"，原因当然不是他考试成绩不佳——他考了第一名——而是他从不去听这门课，在"学习态度"这条标准中被扣了分。但比尔·盖茨并没有抱怨什么，而是接受了这种不公平的现实，并把这种得失置之度外，集中精力做数据的编码工作。后来，他成了名副其实的电脑程序员，具备了坚实的编程基础和丰富的经验，最终成就了自己。

节目结束之后，比尔·盖茨接受生活中不公平的故事还在甜甜的脑海中回荡。甜甜真是有点儿搞不明白："妈妈，这种不公平，为什么要接受？如果社会到处都是公平的，我们的生活该有多幸福啊！""实际上，不公平是一种正常的存在，在这个世界上，贫穷、战争、疾病、犯罪、吸毒等不平等的现象不是仍旧存在吗？"在这个不公平的世界，甜甜不明白要怎样适应才行。

"是这样的，生活中会有很多不公平的事情出现，承认生活中的不公平并不是要求我们不尽力去改变这个世界，正好相反，而是要在不公平的面前激发自己的潜能，让自己生活得更好。"妈妈说道。

甜甜明白了妈妈的话，在成长的道路上又前进了一步。

♥ 妈妈告诉我

一位教育专家说："五天的学校教育往往抵不过两天的社会晕染。"学校德育侧重于正面教育，灌输的是真、善、美的东西，而现在的孩子在家庭、社会中却耳闻目睹了许多光怪陆离、纷繁复杂的现象，所以，一旦走出校园感受到多姿多彩的社会时，便感到学校老师灌输的思想信念、道德情操显得那么单薄、那么脆弱。

达尔文有一句经典的理论："适者生存。"适者生存也就是随着社会的发展趋势解决遇到的问题。

一个人不能左右社会发展的趋势，社会更不可能按照一个人的意愿发展。我们每个人都不能脱离人群，脱离社会而生活，如果不适应社会的变化，就会被社会遗弃。只有适应别人，适应社会，我们才能长大，变得成熟。

有这样一个故事：

很久很久以前，人类都还赤着双脚走路。

有一位国王到某个偏远的乡间旅行，因为路面崎岖不平，有很多碎石头，刺得他的脚又痛又麻。回到王宫后，他下了一道命令，要将国内的所有道路都铺上一层牛皮。他认为这样做，不只是为自己，还可造福他的人民，让大家走路时不再受刺痛之苦。

但即使杀尽国内所有的牛，也筹措不到足够的皮革，而所花费的金钱、动用的人力更不知要多少。虽然根本做不到，甚至还相当愚蠢，但因为是国王的命令，大家也只能摇头叹息。

一位聪明的大臣大胆地向国王提出建议："国王啊！为什么您要劳民伤财，牺牲那么多头牛，花费那么多金钱？您何不只用两小片牛皮包住您的脚呢？"国王听了很惊讶，但也当下领悟，于是立刻收回成命，采取大臣的这个建议。据说，这就是"皮鞋"的由来。

这个故事告诉我们这样的道理：想改变世界，很难；要改变自己，则较为容易。与其改变全世界，不如先改变自己——"将自己的双脚包起来"。

当遇到事情不是那么尽如人意的时候，最好的方法是改变自己的某些观念和做法，以抵御外来的侵袭。当自己改变后，眼中的世界自然也就跟着改变了。如果你希望看到世界改变，那么第一个改变的必须是自己。

适应需要坚强的意志和顽强的耐心。有时就像婴孩从母体里脱离，要适应外面的世界一样，挣扎是痛苦的，但痛苦后的啼哭又是十分幸福的。

适应是对你智慧技能的一种消耗。所以，在适应中我们还需不断加强知识的积累和体能的锻炼，储备良好的智慧、体能等竞技食粮。

学会适应生活、适应社会，是一个深思熟虑的过程。切忌在摸清目标背景的实质前盲目行动。适应的过程，是一道精确的算术题，你的内心必须有 2～3 个熟练的解题公式。这样，你才会立于不败之地。

生活中，又应该如何去适应各种变化呢？

首先，加强自我认识能力的培养。要对自己有一个客观的了解，知道自己的优势和不足，有优点不要骄傲，有缺点也不必自卑，当遇到困难时才不至于产生心理失衡。

其次，训练良好的自控能力。培养自己的自控能力，学会用友好的方式解决问题，当产生矛盾时，避免出现攻击行为。

再次，提升自我解压能力。由于生活经验不足，承受能力有限，在遇到困难和矛盾的时候可能不会调整和控制自己的情绪，这时要让自己学会缓解精神压力，懂得宣泄和放松，保持心理平衡和良好的心态，才能冷静地处理遇到的困难，并保持愉快的心情。

最后，增强有效解决问题的能力。当矛盾和冲突无法回避时，需要学会应对的技巧和方法。此时应该自主寻求解决问题的突破口和方法步骤，学会主动适应环境，从遇到的问题中解脱出来。

在今天这个世界中，唯一不变的就是变化，而计划也总是赶不上变化。而人们依然要好好地生活在这个世界上，这就需要人不断地转变自己的观念，积极地应对。如果脚下真的不平，而土地短时间内又没有办法改变，那就用一双好鞋保护好自己的脚吧，那样自己依然能走得很好。

试着寻找这么一双鞋，寻找适应变化的方法吧！

如何排解遇到的各种压力

再过几天，期末考试就要开始了，尽管莲莲已经做好了充分的考前准备，可是心里还是有点忐忑不安，总是担心还有什么地方没有复习到位。这次考试对莲莲而言是非常重要的，因为学校会以这次考试的成绩作为分班的一项依据，老爸老妈也对莲莲寄予了很大的期望。所以，无论如何都要考出最好的水平来。

唉，越是紧张，越是进入不了状态，莲莲手里面虽然捧着课本，可心里总是惦记着考试，害怕万一考砸了。这时，妈妈经过莲莲的房间，看见了女儿心神不宁的样子，便叫道："莲莲……"刚开始，莲莲没有听到妈妈的叫声，直到妈妈走过来拍了拍她的肩膀，莲莲这才回过神来，心不在焉地问道："妈妈你在叫我吗？"妈妈微笑着说："呵呵，你是在担心即将开始的考试吧。"莲莲点点头，愁眉苦脸地说道："是呀，我很担心自己会考不好。我现在非常紧张，要是这次考不好，影响到分班就糟了。"

妈妈听莲莲这样一说，握着她的手，鼓励她说道："这没有什么可害怕的，只要把这次考试当作一次很普通的测验就好了，尽自己最大的努力就行。我相信你能够发挥自己最大的水平，只要能够放下包袱，轻松上阵，以平常心来对待，一定可以发挥好的。知道吗？"

经过妈妈的鼓励，莲莲觉得轻松了很多，而且信心大增：这次考试，相信自己一定行。

♥ 妈妈告诉我

莲莲，如果感到压力大，那生活将是一件痛苦的事情。你们所面对的压力，一般有学习上的，生活中的和来自社会的压力。那么，如何来排解这些压力呢？妈妈想给你提一些建议，让你不再感到有压力。

1.排解来自学习上的压力

（1）找出产生压力的原因。

导致学习上产生压力的因素是多种多样的，例如，学过的东西很快就忘，以至于怀疑自己"天生就不是学习的料"；上课时精力不集中，学习的时候则不自觉地陷入"白日梦"中；学过的知识像一堆到处乱放的砖石，无法条理化；考试成绩总是不理想，而"苦心人，天不负"的古训在你身上却不起作用；听了很多别人的学习经验，看了很多介绍学习方法的书，但是学习效率依然没有提高。

（2）用正确的心态去看待学习压力。

当别人如鱼得水般轻松地在学海中遨游时，你却总是慢半拍，担心掉队的压力也就油然而生。如果你真的把压力看成压力，把烦恼当成烦恼，那么，你离掉队的时刻也就不远了。有的人会因为承受不了这种压力，便自暴自弃，终日沉浸在苦恼的深渊，结果成绩如坐滑梯一样，越滑越低。而有些人则在压力的推动下，更加积极向上，勤奋刻苦，最终硕果累累。

（3）带着愉快的心情去学习。

真正的学习是快乐的，它不仅是指学有所获及学会某事的成就感，而且还指学习过程本身是令人感到快乐的。

因此，你应该确立学习是快乐的信念，应带着喜悦的期盼开始学习，而学习结束时应感到意犹未尽、恋恋不舍。快乐地学习能够使整个学习过程都变得津津有味，充满乐趣，让我们越学越想学，并乐此不疲。

（4）有规划地学习。

没有规划，一团乱麻，连自己掌握哪些、没掌握哪些都不能区分开来，这会导致大量的无效学习，并造成畏难情绪，进而生出种种烦恼。

如果在学习上能看到自己该学些什么，能学些什么，理出一条脉络来，那才可能做到有规划。建议你按照系统学习法画出系统树，这样，对知识点就能够一目了然了。

（5）不断给予自己肯定和鼓励。

在学习时要把目光盯住那些积极的东西，要能够看到自己的进步，并认为，这就是自己的成功。

（6）劳逸结合。

绝不能一天到晚都泡在书堆里，那样只会让自己头昏脑涨，压力也会更大。

2.排解来自生活中的压力

（1）拥有一颗平常心。

平静地看待身边之事，遇事不必大喜过望，也不要怨天尤人。人生中许多事都难以预料，你要做的就是以平常心待之，把握好每一天，才能迎来更美好的明天。人生的最高境界莫过于宠辱不惊，笑看庭前花开花落。

（2）多读好书，用知识开阔眼界。

很多时候，我们觉得自己"苦"，是因为对自己"关心"太多，却不曾想到世界上有很多人可能比我们还"苦"。能成大事者无一不是"吃得苦中苦，方为人上人"。读书会让我们更理性地思考问题，在理性中成熟，在成熟中长大。

（3）学会冷静处事。

任何时候冲动都是做事的大敌，因为冲动会导致凭感觉去做事，其后果往往是很难预料的。

（4）"苦"时要挺住。

在这个世界上生存，就意味着要遇到种种不如意之事，不论是父母的不理解、误会，还是人际关系的紧张，抑或是考试的失败，甚至是面临种种"绝境"，所有的这些都会带给我们"苦涩"的味道。

但是，世界上"没有绝望的处境，只有绝望的人"，品味"苦"的时候要挺住，不能向命运低头，要与命运顽强抗争，如同在沙漠中长途跋涉，要耐得住干渴、饥饿之"苦"，才能迎来到达沙漠绿洲的喜悦。

生活中充满了苦，因此，要学会吃一点儿苦。吃苦不仅可以使自己增加生存经验，而且还能得到进步。

将快乐变成习惯

妈妈从花市买来了三株蝴蝶兰，很是好看。摆放在阳台上，在众多的花花草草中显得秀丽挺拔，而那粉色的花朵，从远处乍看，还真的很像一只蝴蝶呢。小夏和妈妈都很喜欢。

可是有一天，小夏在帮花浇水时，不小心把蝴蝶兰碰到了楼下，三株蝴蝶兰被摔得粉身碎骨。小夏难过极了，一整天都无精打采的。

妈妈看到小夏沮丧的样子，安慰她说："以后记得小心就可以了，反正也已经摔坏了，就不要再难过了。""妈妈，你不生气吗？"小夏试探着问。"我怎么会生气呢？我们买花是为了观赏，为了陶冶心情。如果因为它而生气，不就太不值得了吗？"

♥ 妈妈告诉我

小夏，很多人经常对已经发生的事情追悔莫及，这其实是一种很正常的现象，人多多少少都会有这样的体验。

从某种角度来看，这未尝不是一件好事，你可以从中吸取经验教训，避免下次重复出错，但不能一味地追悔感伤，沉浸于此。事情已经发生，局面已经形成，再也无法挽回，你应该学会放下过去，这样才能重新开始，保持快乐的心态。

如果对过去的事情一直耿耿于怀，那么你的内心会为此不断痛苦和挣扎，就仿佛在拧麻花，两股力量互不相让，那最终深陷泥沼的只有你自己。要知道你只能在两者中间选择其一：可以选择接受不可避免的错误和失败，并抛下它们往前走；也可以选择抗拒它们，变得更加苦恼。当然，你可以尝试着不去接受那些不可避免的挫败，但这样势必使人产生一连串的焦虑、矛盾、痛苦、急躁和紧张，你会因此整天神经兮兮、不知所终。

有一句古老的犹太格言是这样说的："对必然之事，轻快地加以接受。"在今天这个充满紧张、忧虑的世界，忙碌的你非常需要这句话。所以，请接受不可避免的事实吧，然后以一种乐观的态度轻松地生活下去！

第八章

不做"万人迷"，
也要学一点儿社交知识

精心营造自己的社交生活

媛媛和花花都是梦秋的好朋友，但是她们两个人的性格却截然不同。

媛媛看上去非常的阳光灿烂，脸上的笑容总是如升起的太阳一般有朝气。而且只要有她在，总能给大家带来快乐。她特别喜欢笑，即使是生病或是受伤了，她也很少哭鼻子。她还是一个很热心的女孩，乐于帮助别人解决问题。

而花花是一个喳喳呼呼说话有时会很尖刻的小女生，有的同学会对她退避三舍。

最近花花不知怎么了，身上总是带有一种青春期特有的伤感，仿佛一朵忧郁的兰花，总是莫名其妙地皱眉，和往常相比，好像更不合群了。如果仅仅是变得忧郁了，那也是个不错的进步，关键是脾气也变得更大了，除了几个合得来的朋友之外，她都不怎么和其他的人相处。在大多数同学的眼中，她成了一个"冰美人"。

那天花花一反常态地跟大家说："我想转学，到贵族学校去积累点人际关系。"花花一定是大脑发烧了吧。梦秋看到她坚定的表情，感到匪夷所思：积累人际关系就一定要去贵族学校吗？这是否有必然的联系呢？梦秋无法理解花花的想法。记得很早之前，妈妈就和梦秋说过："你想拥有什么样的生活，完全是由自己决定的。如果以快乐的心情看待周围的人和事，就会觉得生活很美好，如果以忧伤的心情看待周围的人和事，就觉得自己是最委屈的人。"梦秋真希望花花能珍惜眼前的生活。

❤ 妈妈告诉我

梦秋，在现在这样的一个社会，我们不得不提到一个词，就是"人际关系"。亚里士多德说，一个生活在社会之外的人，同他人不发生关系的人，不是动物就是神。很多同学可能会说："人际关系不就是互相帮忙吗？如果我帮不上别人的忙，人家凭什么要跟我打交道呢？"这是对人际关系的一种误解。

我们在这里要谈一个关于非权力感召力的概念。非权力感召力是一种对他人的感召力，是在与他人的交往中，在人际关系的互动中产生的。与他人建立真诚美好的关系是非权力感召力的源泉。

卡耐基曾经指出：一个人的成功有时并不在于他有多强的能力，当一张无所不至的人际关系网撒下时，就已经成功了一半。

他又指出：人们在事业和生活中的成功，15%靠的是专业知识，85%靠的是人际关系。作为一种人际关系感召力，非权力感召力的获得依赖人际关系的因素，可能要高达90%以上。

非权力感召力作为一种感召力，想通过单独行动来影响别人是有难度的，你需要他人的帮助，所以拥有这种感召力的人总是拥有良好的人际关系。他们广交朋友，在遇到困难的时候，他们依靠朋友，就能化解眼前的困难。即使这些成功者智商并不高，但他们在事业上也能超人一等。

《射雕英雄传》里的郭靖就是这样的一个典型例子。

都说郭靖是个笨人，但是他却成了天下人人佩服的大英雄。看看靖哥哥周围的人，他怎么可能不成功呢？郭靖的师傅不下十位，既有以侠义自称的江南七怪、擅长内功心法的马钰道长，又有武功盖世的洪老帮主、童心未泯的周伯通，更不用说聪明过人的奇女子黄蓉，等等。

正是这"多元化"的师资组合，使郭靖能博采众长，终成一代大侠。郭靖虽然脑子反应比较慢，但他深深懂得，独腿走不了千里路，要真正在江湖上闯出一条路来，必须兼收并蓄，集众家之长。

有一首歌唱得好，"千金难买是朋友，朋友多了路好走"。还有一句类似的俗语，"在家靠父母，出门靠朋友"，说的都是人际关系网。这是一个 Teamwork 的年代，谁都不可能成为鲁滨孙那样的孤胆英雄，而应该是站在巨人肩膀上的英雄。

自我封闭，损失最多的一定是自己

盈盈在上第一个幼儿园的时候很努力，因为竞争对手好像都不太在乎学习，所以她认为自己很优秀。第二个幼儿园班里的人很多，老师并没有特别注意盈盈，所以她的积极性没有了，学习不太好。上小学后，老师比较严格，如果做不好会有一些惩罚，盈盈也被老师惩罚过，因此她更加自卑了。原本那段经历是可以不在乎的，但是盈盈的青春期好像比别人早，就记在心里了。而且由于对青春发育不了解，盈盈认为自己是生病了，曾试着暗示妈妈，但是妈妈整天忙于工作，盈盈就没有说，压在了心里，从此胸中的刺痛一直伴随着盈盈的青春期。

盈盈开始敏感多疑，害怕别人看自己的眼神。不相信任何人，总觉得别人的话里有一些针对自己的否定的或消极的含义，沉默少言，可这时的盈盈还是努力做自己认为是对的事，即使自己不愿意。

上初中后这种情况更加严重，盈盈不敢环视班里甚至不知道怎么与人相处。她只跟极个别的几个同学说话，但也只是表面的，而且只针对女生，男的谁都不理。还有一个问题是，所有的事情盈盈都会往自己身上联想，非常在乎或者害怕别人对自己的评价，不论好坏。所以盈盈总是很低调，或者说是压抑，总是活在幻想中。初三的时候，盈盈总感觉男生在议论自己，但自己又不敢证实，内心矛盾，既想和男孩子交朋友，又常常感到非常恐惧、厌恶。

初中毕业，盈盈考得不好，于是上了护校。她决定开始新的生活。虽然全班都是女生，但盈盈的人际关系还是很不好，害怕别人说话里有一点点让自己敏感的字眼，所以还是很自闭。虽然她逼自己跟女同学打招呼，可这让她很痛苦而且会胡思乱想：她是不是讨厌我，我是不是太主动了，她会不会那样想我，等等。在与同学有分歧的时候，盈盈也不敢争取自己的权利，总是压抑着保持沉默，其实心里恨死对方了。后来盈盈换了新校区，经常和盈盈一起的那个同学分出了宿舍，于是盈盈更加孤立了。在新的环境中她从不表达自己的需要，一直委屈自己，经常独来独往，偶尔盈盈也会跟同学一起走，不过很不自在。

盈盈说她老是感觉别人不喜欢她，别人会在心里贬低她或者瞧不起她，如果别人不对她笑或她看对方时对方没有看自己，那么盈盈就会觉得对方一定是很讨厌自己。

盈盈的心理就属于自我封闭，其实这是一种心理防御机制。由于个人在生活及成长过程中常常可能遇到一些挫折，挫折会引起个人的焦虑。有些人抗挫折的能力较差，使焦虑越积越多，便只能以自我封闭的方式来回避环境，降低挫折感。当然这对正常的人际交往和生活是不利的，是一种病态的心理现象。

妈妈告诉我

从前，有个女孩出身于农民家庭，父母都没有文化。尽管如此，她自小勤奋好学，家中对她寄予的希望很大，她也想依靠自身的努力使父母生活得更好一些。因此，她埋头苦读，从小学到高中，再到大学，她的学习成绩都很好。但由于一心读书，她很少交朋友，根本就没有什么知心伙伴。

因此，她常感到很孤单、很寂寞。尤其是参加工作后，在机关上班，工资较低，所以无法接济父母，她心里经常自责。

不仅如此，她总是感到很难与人相处，总是一人独来独往，心中也很想与人交往，但又不敢，也不知道怎样去结交朋友。四年前，经人介绍和某同事结婚，但两人感情基础不好，常为一些小事吵架。因此，两年来她有一种难以言状的苦闷与忧郁感，但又说不出是什么原因，总是感到前途渺茫，一切都不顺心，老是想哭，但又哭不出来，即使是遇有喜事，她也毫无喜悦的心情。过去很有兴趣去看电影、听音乐，但后来就感到索然无味。

工作上也无法振作起来。她深知自己如此长期忧郁愁苦会伤害身体，但又苦于无法解脱。有时她感到很悲观，甚至想一死了之，但对人生又有留恋，觉得死得不值，因而下不了决心。

对于孤独的人，所有这些怜悯都不能穿透那堵把自己和世人隔开的墙壁。在这封闭的墙内，不仅拒绝别人哪怕是极微小的帮助，而且还用各种方式来惩罚自己。

在孤独这座牢狱里，拥有孤独的人充当了双重角色：受难的囚犯和残酷的罪人。正由于孤独使人丧失了自尊与自信，他们总是自我责备、自我贬低。无论是对环境还是对自我，都不能积极地对待。对环境压力总是被动地接受而不能积极地控制，更谈不上改造；对自我也总感到难以主宰而随波逐流，于是在人生征程上没有理想与期待，只有失望与沮丧。总感到茫然无助，陷入深重的失落感而难以自拔，对一切都难以适应，只能退缩回避。我们周围常常有这类人，当生活环境发生重大变化而呈现出巨大反差时，当人生之旅中出现一些变故、遇到一些挫折时，或者仅仅是环境不如意时，便精神不振、心神不定，百无聊赖而焦躁不安，不思茶饭，更无心工作，甚至不想生活，整个儿跌入消极颓丧中。只有敞开自己的心扉，用心去接纳别人，与别人分享自己的快乐与忧伤，才能彻底摆脱孤独的阴影。

孤独和自我封闭给人们带来的是各种消极的体验，如沮丧、失助、抑郁、烦躁、自卑、绝望等，因此孤独对人体健康有很大的危害。据统计，身体健康但精神孤独的人在十年之中的死亡数量要比那些身体健康而合群的人多一倍。人的精神孤独所引起的死亡率与吸烟、肥胖症、高血压引起的死亡率一样高。

一般来说，人的天性是不能忍受长期的孤独的，但是，有的人自己将自己推至了孤独的境地。

其实，孤独并不可怕。一生之中，每个人都会或多或少地体验到孤独感。妈妈想给你介绍一些克服孤独感的方法：

1. 战胜自卑。只有咬破自卑心理织成的茧，你才能冲出黑暗，远离孤独。

2. 为他人做点什么，让自己受欢迎。

3. 多交一些知心朋友，交流之中，你能够体会到友谊的温暖。

4. 多参与外界活动，开阔心胸。

5. 培养一些业余爱好，从中获得乐趣。

狄德罗曾经说过："忍受孤寂或许比忍受贫困需要更大的毅力，贫困可能会降低人的身价，但是孤寂可能败坏人的性格。"为什么要自我封闭而承担那么大的辛苦和劳累呢？刚刚步入青春期的孩子们，千万不要走进自我封闭的怪圈，因为那样只能伤害你自己和你最亲近的人。

我要改变一下自己

文文还记得自己在上小学的时候，从来不喜欢主动和别人说话，就连见到阿姨都不打招呼。就因为这个原因，妈妈没少批评她："文文这个毛病可不好，不要说和别人打声招呼，就是能对人笑一下就不错了。这以后长大怎么得了？"

后来一个偶然的机会，文文听说有一个人做过一项试验：把一只狗放到四面都是镜子的地方。这只狗看到周围都是凶恶的狗，于是不停地冲着这些狗狂吠，而镜子里的狗也冲着这只狗狂吠。这只狗就一直狂吠不止，直到最后累死。但是这只狗并不清楚事实的真相：它所狂吠的对象恰恰是它自己。这个故事就是告诉人们：自己的态度可以决定外界的环境。

看过这个故事之后，文文明白了之前为什么别人不喜欢找自己玩，因为一切都是作用力与反作用力的关系。如果自己不喜欢主动和别人打招呼，怎么可以奢求别人友善地对待自己呢？从此以后，文文就开始试着慢慢改变自己，多与人沟通，才发现生活比之前美好得多。

♥ 妈妈告诉我

有一条鱼在很小的时候被捕上了岸，渔人看它太小，而且很美丽，便把它当成礼物送给了女儿。小女孩把它放在一个鱼缸里养了起来。每天，这条鱼游来游去，总会碰到鱼缸的内壁，心里便有一种不愉快的感觉。

后来鱼越长越大，在鱼缸里转身都困难了，女孩便为它换了更大的鱼缸，它又可以游来游去了。可是每次碰到鱼缸的内壁，它畅快的心情便会暗淡下来。它有些讨厌这种原地转圈的生活了，索性静静地悬浮在水中，不游也不动，甚至连食物也不怎么吃了。

女孩看它很可怜，便把它放回了大海。它在海中不停地游着，心中却一直快乐不起来。一天它遇见了另一条鱼，那条鱼问它："你看起来好像闷闷不乐啊！"它叹了口气说："啊，这个鱼缸太大了，我怎么也游不到它的边！"我们是不是就像那条鱼呢？在鱼缸中待久了，心也变得像鱼缸一样小了，不敢有所突破，有一天到了一个更广阔的空间，已变得狭小的心反倒无所适从了。

其实，心有多大，世界就有多大。如果不能打碎心中的四壁，你的翅膀就舒展不开，即使给你一片大海，你也找不到自由的感觉。打开自己，需要开放自己的胸怀。开放，是一种心态、一种个性、一种气度、一种修养；是能正确地对待自己、他人、社会和周围的一切；是对自己的专业和周围的世界都怀有强烈的兴趣，喜欢钻研和探索；

是热爱创新，不墨守成规，不故步自封，不固执僵化；是乐于和别人分享快乐，并能抚慰别人的痛苦与哀伤；是谦虚，勇于承认自己的不足，并能乐观地接受他人的意见，而且非常喜欢和别人交流；是乐于承担责任和接受挑战；是具有极强的适应性，乐意接受新的思想和新的经验，能够迅速适应新的环境；是坚强，敢于面对任何的否定和挫折，不畏惧失败。

不打开自己，一个人就不可能学会新东西，更不可能进步和成长。开放的胸怀，是学习的前提，是沟通的基础，是提升自我的起点。

在一个组织里，最成功的人就是拥有开放胸怀的人，他们的进步最快，人缘最好，也容易获得成功的机会。

具有开阔胸怀的人，会主动听取别人的意见，改进自己的工作。比尔·盖茨经常对微软的员工说："客户的批评比赚钱更重要。从客户的批评中，我们可以更好地汲取失败的教训，将它转化为成功的动力。"比尔·盖茨本人就是一个心胸非常开放的人，他鼓励公司里的每个人畅所欲言，当别人和他有不同意见时，他会很虚心地去听。

每次公开讲演之后，他都会问同事哪里讲得好，哪里讲得不好，下次应该怎样改进。这就是世界巨富的作风，也是他能成为巨富的潜质。

开放的心自由自在，可以飞得又高又远；而封闭的心像一池死水，永远没有机会进步。

如果你的心过于封闭，不能接纳别人的建议，就等于锁上了一扇门，禁锢了你的心灵。要知道，褊狭就像一把利刃，会切断许多机会及沟通的渠道。

花草因为有土壤和养分，才会茁壮成长、美丽绽放，人的心灵也必须不断接受新思想的洗礼和浇灌，否则智慧就会因为缺乏营养而枯萎死亡。

拥有开放的心，你才能充分利用成功的第一原则：一个人只要对自己的信念坚定不移，就没有做不到的事情。打开你的心，让想象力自由翱翔，让你成功的希望越飞越高。

斗争并不意味着友谊的终结

那天的排球比赛简直就是一场恶战。幼幼和小婉是好朋友，可是在比赛中被分到了相对的两个组，也就是说，在这场比赛中她们将成为对手。在比赛的过程中，她们两个人都在想方设法刁难对方，小婉故意把球抛得很高，而幼幼则使用速度迅猛的手段，打得对方措手不及。

还有一次，由于幼幼抛球的速度过猛，球过来的时候恰好打在小婉的头上。看上去真是一副要争得你死我活的架势。

经过激烈的角逐，幼幼的那一组赢了。走下比赛场后，幼幼赶忙过来问候小婉："刚才那一下，肯定把你打疼了吧。"

"嗯，刚被打中的时候是有点晕，现在没事了。你发球真是够迅猛的，我们都没有反应过来。"小婉笑了一下，顺便还赞扬了她的技术水平。幼幼为了表示对小婉的歉意，特意请她吃蓝莓刨冰。

♥ 妈妈告诉我

常言道：不打不相识。人与人之间的友谊可能就是因为争斗而建立的。而且友谊还会在不断的争斗中得到巩固，不断加深。

双方不打一场不会相识，经过交手而互相了解，更加投合，这种例子不胜枚举。最常见的就是武侠小说中的各路英雄，特别是结拜的兄弟，常常是因为误会而发生争执，但是当真相大白时，彼此又会互相欣赏而成为至交好友。

　　友谊的形成是一个方面，友谊的持续是另一方面。维持友谊往往比友谊的形成更加困难，因为这是一项长期的工程，需要精心呵护。人与人相处，难免会发生各种各样的摩擦和争斗。

　　因为每个人的性格不同，处事的方法不同，了解的事情也不一样，因而在同一件事的认识上会发生这样或那样的偏差，误会也会随之产生。

　　但是误会总是会消除的，在一番明争暗斗之后才会发现友谊的可贵，曾经失去过才会倍加珍惜。互相包容，互相理解，容忍对方的小毛病，使小的争斗不至于扩大，不至于动摇友谊的根基。所以，争斗其实也有它积极的一面，条件是争斗之后妥善处理误会，吸取教训，修补裂缝，使友谊更加坚固。要从争斗中吸取教训，学会宽容。每个人都会有一些缺点，如果互相抱怨，互相指责，无法忍受对方，友谊就无从谈起了。

　　另外，在这样一个"物竞天择，适者生存"的社会，竞争无处不在，即使是再好的朋友也可能会发生竞争。

　　而竞争既可能是良性的君子之争，也可能是使用阴谋诡计互相陷害，而我们要做到的就是在竞争的时候始终不忘做人的基本原则，不要做出让人心寒的事情。这样才能在争斗过后，保持友好的关系。如果使用不正当的手段，就会让对方不齿你的行为，再也不会信任你，而友谊也就荡然无存了。

因此，保持友谊的争斗应该是良性的竞争。而且，在竞争中双方能够互相学习，共同促进能力的增长，这样的斗争何乐而不为呢？

所以，幼幼和小婉，希望你们将来能继续用宽容的心态看待朋友间的矛盾，这样，交友的范围会越来越宽、越来越广，那真是一件让人高兴的事情！

没有知心朋友怎么办

这天放学之后是莎莎值日，莎莎把教室打扫干净之后，发现后排的一位同学还没有回家，就跑过去看看她："我要锁门了，你怎么还不回家呢？还有什么事情吗？"那个同学抬头看了看莎莎，这时莎莎才发现她的眼圈红红的，莎莎吓了一跳："你怎么了？为什么哭？有什么困难吗？我可以帮你吗？"也许莎莎的问话太过于温暖，触动了她吧，她一下哭得更厉害了，还断断续续地说道："我没有朋友！她们都不理我了。"

啊？为什么？听到了她的哭诉，莎莎就把赶快回家这事抛在了脑后，连忙坐下来安慰她。

原来，中午她和她的好伙伴因为一点鸡毛蒜皮的事情吵了起来，她的伙伴认为她不懂体谅别人，且说话尖酸刻薄，所以拉拢其他的同学把她孤立了起来，所以她的心里很难过。"没关系，反正都是自己的同学，她们虽然把你孤立了起来，但其实她们心中也很不舒服。你找个机会跟她好好说说就行了。"莎莎帮她出主意。"呜呜……"她痛苦地在那里哭。莎莎想到了自己的好朋友，他们从不会因为一些话而闹别扭，正因为有了她们，莎莎的生活才更加快乐。莎莎从内心感激她们，真正的好朋友是多么的宝贵。

♥ 妈妈告诉我

莎莎，听到你那位同学的遭遇，妈妈心里很替她感到难过。其实，这位同学之所以没有知心的朋友，一方面是由于不懂得体谅别人，所以让人感觉与之很难相处，再一方面就是说话尖酸刻薄，让人无法接受。面对你同学的困惑，我们在给予同情的同时还应该抱着"有则改之，无则加勉"的态度，在日常与人交流接触方面，还需要在某些方面引起注意：

1.在与人交谈的过程中尽可能少说话。给别人诉说的机会，而自己要做一个好的听众。

2.不说任何人的坏话。如果找不到什么好话说，那就保持沉默。

3.和别人发生冲突之后要尽快宽恕别人，不要记仇。

4.无论何时何地，当我们在想到对方的时候，都要给予最美好的祝愿！

5.尽可能不要随意地批评别人，不得不批评的时候也最好采取间接的方式，记住一个原则就是始终对事而不对人。在合适的时候要向对方表明，你真心喜欢他也愿意帮助他。

6.任何时候保持面带微笑。

7.懂得赞美周围所有的人。称赞如同阳光和空气，如果缺少它，我们就没有生长的养分。不论什么样的称赞，永远都不会多余。

8.当你犯了错误的时候，要及时道歉；当你要受到指责的时候，最好的调和方法是主动负荆请罪。

9.不要打断别人的话，即使他说错了。在这个时候，即使打断了他的话，他也不会耐心听你述说的。

10.你要想办法使自己在和每一个人以任何形式的谈话中，都让对方有一种好的感觉——首先是对他自己，然后是对你的行为，最后是对你。

11.在任何时候都要给对方留足脸面。不要让任何人感到难堪，也不要贬低别人，更不要夸大别人的错误。

12.不要戴有色眼镜来观察他人，那样你就不会发现他做的好事。当你在赞许一个人的时候，要说明理由，这样就不会有谄媚之嫌。

13.在发生矛盾的时候，最重要的是保持镇静。你首先要倾听对方的意见，还要用批评的眼光看待自己，并对他给予自己的启发表示谢意。

14.努力试着从别人的立场上去分析事情。印第安人曾经说过："首先要穿别人的鞋走上一段路。"遇到问题不要忘了问自己：他这样做是出于什么原因？理解一切意味着宽恕一切。

15.学会从对方的角度去看待事物。经常问问自己：他真正需要的是什么？我如何能够让他得利？

16.不要总是觉得自己有道理。你可以比别人聪明，但是不可以自以为是。你要承认也许是自己错了——这样可以避免一切的争吵。

17.要经常引用别人高尚的思想和动机。每个人都希望被别人认为是宽宏而无私的，如果你想让别人有所改善的话，那么你就做出仿佛他已经拥有了这些优良品质的模样。那样，他会尽一切可能不让人失望的。

18.不可以吹嘘自己，也不要过分夸大自己的优点，而要承认自己也有缺点。你要谦虚谨慎、戒骄戒躁，如果你想树立对敌，就要处处打击别人。如果你想得到朋友，须懂得得饶人处且饶人。

19. 常常赠送一些小礼品给周围的人——可以是没有任何理由的，寻找让别人快乐的途径。

20. 对别人可以多提建议，而不可以发号施令。这样做才可以促进合作关系，避免引发矛盾。

21. 当别人发怒的时候，你要表示理解并切身感受对方的难处，因为他人的怒火常常只是为了引起你的注意，所以在这个时候你需要给予他人及时的同情和关注。

22. 最好表现出对别人感兴趣，并将此作为自己的口号：对别人感兴趣，而不是自己显示出有趣。你要表示自己正在思考帮助对方的方法。

23. 要始终称呼对方的全名，这可以表明你对别人的尊重。每个人都愿意听到自己的名字，这比听到任何一个名字的代替品都更让人高兴。当然，为此你要努力记住对方的姓名。

在人群中受到排挤

晓晴班上的学习委员是个优秀的女孩，她也很漂亮。但是同学们都不喜欢她。

为什么呢？因为她总是看不起同学，觉得自己比别人强，那种从骨子里带出的骄傲使同学们渐渐地远离她了，更准确地说，是不敢靠近她。

这天，晓晴有一道题目许久都想不出来答案，就拿过去问学习委员，而她却态度很不好地说了一句："我一会儿要排成绩表，忙得很。"

晓晴小声咕哝一句："啧！估计她也不会吧，又死要面子不说。我怎么要往枪口上撞呢？怎么找到她那里了？"

试想，这样的女孩，走到哪里能够受到欢迎呢？

♥ 妈妈告诉我

晓晴，人缘好的人，说话有人听，办事有人帮，走到哪里都有朋友，显得十分的友好亲切，自己也会感到轻松愉快，工作效率也高；而人缘不好的人，形影相吊，孤家寡人，他对别人冷淡，别人对他的态度也漠然，谁与他都格格不入，到哪里都不会受到欢迎，而自己却感觉处在一个紧张、沉闷的环境中，甚至会导致心理、生理疾病。如果在与人相处的过程中发现有矛盾，首先应该多分析一下自己的原因。

1．多反思自己。看看自己是否在平时与人相处时总是沾沾自喜、目中无人；是否经常盛气凌人；是否容易在一些小节方面得罪别人；是否自身有很多的缺点和不足。

2．多观察别人。如果有人对你有意见，是否是因为你过于优秀而使他产生了自卑感，从而对你敬而远之。

不管是自己的原因还是别人的误解，既然已经在与人交往的过程中出现了隔阂，要想解决这个问题，就应该想办法缩短与别人的心理距离，达到彼此相容。具体说来应注意以下几点：

1．注意加强个人修养。在日常生活的为人处世中，不要处处争强好胜，以和为贵，处事大度，与人为善，心胸坦荡，更不要怕闲言碎语，能够谅解他人，不虚伪自私，更不应该有报复猜疑心理。必要的礼貌与适当的控制有助于解除误解。假如你能够宽容、忘却别人的过失，会使人更愧疚、悔过，他会以加倍的友好弥补过去的失误。

2．等距离交流。应该对每位同学都热情相待，态度真诚谦让，主动大方。不要与某位同学成为密友，形影不离，给人造成错觉：他们是好友，我们知趣些。你得到了一个陪伴，却失掉了众多能够帮助你的人。等距离外交并不是要讨好每一个人，更不是不讲原则地做老好人。

3．敞开心扉。就是说能够开诚布公，使别人了解你、认识你，达到情感交流的目的。向别人敞开心扉要比自我封闭更能使自己感到满足。一般人都喜欢坦诚的人。在与人相处的过程中发挥自己最大的能量，互通有无，使人信服，以调动大家的积极性。

与朋友吵架之后该如何收场

最近不知道为什么，欢欢和铭铭之间产生了一丝小小的嫌隙，她们不像以往那样喜欢相互斗嘴，也不像以往那样喜欢扯八卦。也许小小的摩擦发展到一定程度之后就会擦出火花吧，这天，她们吵了起来。

其实事情的起因很小很小，铭铭背身站着的时候，后退了一步，没有看到后面走来的欢欢，两个人便撞上了。"哎哟喂！你撞死我了！"欢欢生气地大喊起来。"是你没有及时躲，怎么可以怨我撞你？"铭铭不客气地反驳欢欢，"你总不可以要求我的后脑勺也长眼睛吧。"铭铭的话说得真有学问，不过也很抬杠，让欢欢憋了一个大红脸，她大吼了一句："你是不是想找碴儿吵架？"铭铭漠然地看了她一眼："不要拿吵架来威胁我，跟你吵得还少吗？我早就不怕了。"欢欢大叫："你吵啊！你吵啊！"说完之后，摔门就跑了出去。就是因为这么一件小事情，两个人吵了起来，以后她们可怎么办？

💜 妈妈告诉我

在日常生活中，人际交往不可能事事顺心，样样如意，难免会发生争吵而引起矛盾，这是很正常的，关键是要看我们怎样对待矛盾，是否能分辨清楚原因，恰到好处地加以解决，协调好彼此之间的关系。

同学之间吵架的原因有很多，主要有以下几种：

1.比如开玩笑有些过火了，行动上让对方觉得很难堪，双方处事的态度不同等原因都会引起矛盾。

2.有的时候会遇到别人的挑拨，使自己对朋友产生误解；有时由于双方所受到的待遇不公平，使自己产生了赌气的行为，与对方不能和睦相处。

3.有的好朋友之间原本相处得很好，但是因为其中一方心理状态不平衡，正在生气或正在烦恼，稍不顺心，便会失去理智，无法自制。

无论是由于什么原因引起的吵架，都会使双方烦恼不安。因此，正确分析原因，因人因地选择解决的方法。

1.采取宽容大度的态度，主动从自身去找原因，以己之心度人，以人之心度己，宽容大度。自己错了主动承认，做自我批评，即使是对方的错误，也要先检查自己态度上的过失，争取在缓和的气氛中沟通思想。这是解决争吵的正确态度，要求我们平时要加强自身修养，提高心理素质，做到遇事不急躁，三思而后行。

2.正确分析争吵原因。对偶发的、自然因素造成的争吵要采取忍让的态度。人与人之间的交往难免会磕磕碰碰，没必要事事较真。对一些事采取幽默手段处理，便会化干戈为玉帛，会给生活增添色彩。对待涉及原则性的争吵，则需要我们理智地思考，以理服人，以情动人，求得共识。

3. 采取灵活有效的方法。对内向性格的人，以无言的行动感动对方，易于矛盾的和解；而对外向的人，最好使用直截了当的方式，这样符合他们的性格特点。也可以通过书信形式，达到沟通目的。

不适应群体的生活怎么办

学校组织的夏令营让同学们玩得很开心，但也让兰兰受尽了煎熬。原来，班上有一个女孩睡觉时很容易惊醒，容不得一点儿动静。可是兰兰是一个精力旺盛的人，平时早就习惯了晚睡，所以当大家睡觉后她要打开台灯看一会小说。但是那个睡觉很容易惊醒的同学却跟她说："兰兰，能不能把台灯关掉，我睡不着。"这个对兰兰来讲显然有困难，她用商量的口吻对那个同学说："我把亮度调暗点儿行吗?""不行，只要是有亮光我就睡不着。"那个女孩实在是倔强。无奈，兰兰只好把台灯关掉，一个人躺在床上，既没有事情做，又睡不着，这可怎么办呢? 还好兰兰聪明，她想起来自己带着收音机，于是插上耳机收听节目。但是过了不大会儿，那个女同学又有意见了："兰兰，可不可以不听收音机?""我插着耳机呢，难道这也影响你了吗?"兰兰实在是觉得有点抓狂。"你的耳机质量太差了，漏音漏得严重，吵得我睡不着。拜托，你不要再听了。"可以想象得到兰兰哭笑不得的样子。可是这个女孩啊，难道有神经衰弱症?

♥妈妈告诉我

兰兰，这件事情并不完全怪你，那个女孩的行为确实很离谱。当大家在一起生活的时候，应该懂得适度理解和包容。只有这样，才能相处愉快。

从前，有两个饥饿的人得到了一位长者的恩赐：一根鱼竿和一篓鲜活硕大的鱼。其中，一个人要了一篓鱼，另一个人要了一根鱼竿，接着，他们分道扬镳了。

得到鱼的人在原地用干柴搭起篝火煮起了鱼，他狼吞虎咽，还没有品出鲜鱼的肉香，转瞬间，连鱼带汤吃了个精光，过了一段日子，他便饿死在空空的鱼篓旁。另一个人则提着鱼竿继续忍饥挨饿，一步步艰难地向海边走去，可当他看到不远处那蔚蓝色的海洋时，他用尽了最后一点儿力气，也只能眼巴巴地带着无尽的遗憾撒手人世。

又有两个饥饿的人，他们同样得到了长者恩赐的一根鱼竿和一篓鱼。只是他们并没有各奔东西，而是商定共同去找寻大海。他俩每次只煮一条鱼，经过遥远的跋涉，他们来到了海边，从此，两人开始过上以捕鱼为生的日子。几年后，他们盖起了房子，有了各自的家庭、子女，有了自己建造的渔船，过上了幸福安康的生活。

这个故事告诉青少年朋友，在面临困境时，无论你的眼光是短浅的还是长远的，依靠自己一个人的力量往往很难克服困难。只有合作，产生一种"合力"，才能取长补短，进而渡过难关，最后获得成功。

而且，合作可以产生双重的奖励。一方面可使我们获得生活的一切需求享受；另一方面可使你的内心获得平静，这是贪婪者永远无法得到的。

有时，人们总在感叹为什么自己的付出没有得到等量的回报，实际上也并不是你的付出不够多，而是你忽略了与别人合作。合作往往能产生意想不到的结果，而这一点总是被人们忽略。

三个和尚在破庙里相遇。"这庙为什么荒废了?"不知是谁提出了这个问题。"必是和尚不虔诚,所以菩萨不灵。"甲和尚说。"必是和尚不勤,所以庙产不修。"乙和尚说。"必是和尚不敬,所以香客不多。"丙和尚说。

三人争执不下,最后决定留下来各尽所能,看看谁最成功。于是甲和尚礼佛念经,乙和尚整理庙务,丙和尚化缘讲经。

果然,香火渐盛,原来的庙宇也恢复了昔日的辉煌。"都因我礼佛虔心,所以菩萨显灵。"甲和尚说。"都因我勤加管理,所以庙务周全。"乙和尚说。"都因我劝世奔走,所以香客众多。"丙和尚说。

三人日夜争论不休,庙里的盛况又逐渐消失了。这时大家一眼就能看出庙宇香火渐盛的原因,正是他们三个人的合作!可惜的是,到最后三人即使分道扬镳也没有搞清楚这个简单的道理。

作为社会中的一员,谁也不能总是单独行动,有些事情靠一个人的力量是无法完成的。因为,每个人的能力都是有限的。

有些人精力旺盛,认为没有自己做不到的事。其实,精力再充沛,个人的能力还是有一个限度的。超过这个限度,就是人所不能及的,也就是你的短处了。每个人都有自己的长处,同时也有自己的不足,这就要与人合作,用他人之长补己之短,才能获得成功。

开始走入人际交往的女孩需要明白,合作才能共赢,合作也是通往成功的一条捷径。

我太真诚,把人吓跑了

有一次,小雨和同伴玲玲在商场里看到了一位找不到妈妈的小朋友，她哭得很伤心。

小雨看到这个小朋友之后，第一反应就是赶快帮她找妈妈，于是快步走上前去："小朋友，你一定是找不到妈妈了对吗？来，让姐姐带你去找，"说罢便拉住了她的手，同时从书包里拿出一包饼干，"你一定饿了吧，吃饼干吧。别着急，我一定带你找到妈妈。"

小雨这样的热情，把小朋友吓坏了，她看到小雨反而哭得更厉害了，还把小雨给她的饼干摔在了地上，并甩开小雨的手，大声哭喊："哇哇——放开，我找妈妈！"她突如其来的反应把小雨吓了一跳。玲玲说："她一定是把你当成坏人了。小雨，快点放开她吧。"小雨松开了她的手，小家伙一溜烟地跑开了。当她跑开一段距离之后，又停下来回头看了看小雨。"你看，她对你有防备心理。"玲玲对小雨说。唉！小雨不禁叹了一口气，这个小家伙，心眼儿还真多！

♥ 妈妈告诉我

有的时候，过度的热情对对方而言是一种伤害。

贝思和丽莎已经相识二十多年了。在这二十多年里，她们的关系一直很好。丽莎在十年前离婚了，这些年一直孤身一人。而就在最近，贝思的丈夫告诉她，他要跟贝思离婚。于是伤心绝望的贝思在丽莎的邀请下搬到丽莎的家中居住，因为她自己的房子已经被卖了。

也许是因为同病相怜的缘故，丽莎很理解和同情贝思的遭遇，她也想竭尽全力地帮助贝思。为了减少贝思的生活开支，她让贝思跟她住在一起，并且分文不收。在一起生活的日子里，丽莎用尽了自己所有的积蓄来满足贝思的一切需要，如逛街、买衣服、外出旅游等。半年后，贝思结交了新的朋友就搬离了丽莎的家，而这时候的丽莎已经变得很贫穷了。更令丽莎难过的是，从贝思搬走以后，她便不再与自己联系了，从那时候开始，她们两人再也没有说过话。

这件事使丽莎感到自己受到了伤害。她告诉朋友："我太快而且毫无保留地敞开自己的胸怀和钱包，慷慨地给予了她我所有的一切。我难以抑制自己的表现，可是贝思的胃口却愈来愈大。"为了贝思而甘愿付出自己所有的丽莎最终因自己过度的善良而受到了伤害。其实丽莎作为贝思的朋友，在贝思出现情感危机时对她提供必要的帮助是没有错的，因为她们是朋友，互帮互助是应该的。但是，在给贝思提供帮助的时候，正像她自己后来所反省的那样，她过快而且毫无保留地敞开了自己的钱包，而没有考虑自己以后的处境。当然，很多看到这个故事的人，尤其是涉世未深却很讲究"义气"的青春期少男少女们可能会认为丽莎是将友谊看成了生命中最重要的东西，她对贝思是情深如海，至于最后贝思对她的背叛，过错应该全部归结于贝思。这样说似乎也合情合理。但是回过头来想一想，难道丽莎就不需要为这样的结局以及为她自己以后的生活承担责任吗？

如果一个人在考虑任何事情的时候都以自己的利益为出发点，那么也许这个人在别人眼里会有点儿自私。如果走向另一个极端，考虑任何事情都把自己排除在外，结局也不会都像自己期待的那样美好。

人常说，"爱己才能爱人"。善良不仅可以表现为做好事，也应该首先表现为对自己的关爱。不错，善良是一种良好的心态，也是一个人获得他人尊重的前提，但是，表达善良也应该有一个尺度，无限度地、盲目地奉献自己，到头来很可能会迷失了自己。"做人要做善良的人"，这是公理。但是在表达自己的善良时，也要把握一定的分寸。为了做到与人为善、对己友善，请务必抑制自己过分行善的欲望。

我很想拒绝

"蕾蕾，帮我个忙，可以吗？"安安一副哀求的表情。"啥事儿，别客气，说吧。"面对安安的求援，蕾蕾显得很大方。"我今天不想去上课了，你能不能帮我请个假？"安安说道，"我想去一个僻静的花园里背我喜欢的散文，今天上午的课没有意思，我不想去了。你就跟老师说我病了，行不？"蕾蕾心想，这个安安居然让自己帮助她说谎，怎么可以答应她呢？蕾蕾显出了犹豫的神色。"蕾蕾你放心，出了事儿我兜着，你按照我说的来，老师不会怀疑的。"安安一脸的恳切让蕾蕾无法拒绝。

"哎！算了，我舍命陪君子了。"蕾蕾无奈地答应了安安。到了学校，蕾蕾找到了班主任老师："安安今天请病假，不能来学校上课了。"可是谁也没有想到班主任老师居然给安安的家里打了个电话，捎带着跟安安的家长聊了一下安安的近况，结果纸里包不住火，终于露馅了。"蕾蕾，安安根本就没在家啊，她现在也不在学校，那她现在在哪里？"老师过来拿蕾蕾质问。

怎么说呢？真是让蕾蕾犯难。于是，蕾蕾只好说："是早上安安这么让我转达的，其他的我也不知道。"就为这件事，蕾蕾反思了一个上午，原本就不想答应安安的，为什么又不好意思拒绝呢？哎！

💜 妈妈告诉我

说"不"固然代表"拒绝"，但也代表"选择"，一个人要通过不断的选择来形成自我，界定自己。

因此，当你说"不"的时候，就等于说"是"。你"是"一个不想成为什么样子的人。勇敢说"不"，这并不一定会给你带来麻烦，反而会替你减轻压力。如果你想活得自在一点儿，原则一点儿，就请勇敢地站出来说"不"。记住，你不必为拒绝不正确的事情而内疚，因为那是你的权利，也是你走向成熟必上的一课。

尤其是女孩子，容易对别人有过分的迁就而丧失自我，这就需要我们学会选择和拒绝。

在生活中，我们应该懂得如何委婉地拒绝别人，委婉地说"不"，这样才能有更多的时间和精力去处理自己有能力处理的事情。委婉地说"不"，既不会让自己为难，也能够给别人多一个机会去寻找更适合帮忙的人。

在你决定拒绝之前，首先要注意倾听他的诉说，比较好的办法是：请对方把处境与需要讲得更清楚一些，自己才知道如何帮助他。接着向他表示你了解他的难处，若是你易地而处，也一定会如此。"倾听"能让对方有被尊重的感觉，在你婉转地表明自己拒绝的立场时，也比较能避免伤害他的感觉，或避免让人觉得你在应付。"倾听"的另一个好处是，你虽然拒绝他，却可以针对他的情况，建议他如何取得适当的支援。若是能提出有效的建议或替代方案，对方一样会感激你，甚至会在你的指引下找到更适当的支援。

有时候拒绝是一个漫长的过程，对方会不定时提出同样的要求。若能化被动为主动，关怀对方，并让对方了解自己的苦衷与立场，就可以减少拒绝的尴尬与影响。当双方的情况都改善了，就有可能满足对方的要求。

总之，只要你是真心地说"不"，对方一定会体谅你的苦衷。要学会说"不"，在繁复的俗事中将自己解脱出来，从而将精力、时间集中到真正对自己有意义的事情上，与此同时，处于青春期的女孩子也要学会怎样正确地拒绝别人。不仅仅学会拒绝别人的索求，更要学会拒绝别人的给予。

学会拒绝是一种自卫、自尊；学会拒绝是一种沉稳的表现；学会拒绝是一种意志和信心的体现；学会拒绝是一种豁达，一种明智。学会拒绝，才能活得真真实实、明明白白，才能活出真正的自己。

幽默地"笑傲江湖"

南南的个性大大咧咧的，不仅如此，她还很会说笑话，有的时候，即便她没有讲笑话给大家听，大家看到她还是想发笑。所以大家都很喜欢南南。

南南的幽默感是有特点的：首先，南南的模仿能力超强。如果和同学一起在电视上看到好看的片段，南南一定可以给大家再"倒带重来"一遍。如果在学校遇到比较搞笑的人或事，南南也会利用她的模仿能力再给大家表演一番，甚至到了出神入化的地步。

其次，南南这个孩子，还是有点贫的。她对于不熟的人还可以比较正经对待，不过看到了熟悉的朋友，就忍不住想多说几句没用的废话。再有呢，就是南南不像一般的女孩那样拘小节，有的时候看上去也很搞笑呢。她会像绅士一样蹲下来帮助同学修理自行车，总是乐呵呵的样子，谁会不喜欢她呢？

总之，南南的幽默也许是天生的。大家确实喜欢幽默的人，她能给大家的生活带来不少欢乐。

♥ 妈妈告诉我

南南，能成为一个幽默的人，那肯定会为人际交往能力加分不少。

在社会生活中，幽默是无处不在的。幽默是语言的润滑剂，如果你善于灵活运用，必将为你的生活带来无穷的轻松和乐趣。幽默是人际交往中的磁石，可以将你周围的人吸引到你身边来；幽默也是转换器，可以将痛苦转化为欢乐，将烦闷转化为欢畅。每个人都喜欢与机智幽默的人做朋友，而不情愿与忧郁沉闷、呆板木讷的人交往。

首先，幽默可以缓解冲突。

人际交往中，磕磕碰碰在所难免，遇到棘手的问题或尴尬的场面，恰当地运用幽默，能产生神奇的效果。

小镇上一家酒馆老板的脾气暴躁，听不得半句坏话。一次，一个过路人在此喝酒，刚喝了一口，就忍不住叫起来："酒好酸。"老板听后大怒，吩咐伙计操起棍子打人。这时又进来一位顾客，问："老板为什么打人？"老板说："我卖的酒远近闻名，这人偏说我的酒是酸的，你说他该不该打？"这个人说："让我尝尝。"刚尝了一口，这人的眼睛、眉毛就都挤在一起了，他脱口说道："你还是把他放了，打我两棍子吧。"大家哄堂大笑，一句诙谐的话语平息了一场纠纷。

公共汽车上，一位女乘客不停地打扰司机，车子每前行一小段，就要司机提醒她，她要在哪里下车。司机一直很耐心地听，直到她大叫："但是我怎么知道我要下车的地方到了没有？"司机却幽默地说："你只要看我脸上笑开了，就知道了。"

其次，幽默还可以帮助你拥有成功的社交。

在中国内地素有"巴蜀鬼才"之称的魏明伦到我国台湾做文化访

问时，与闻名海内外的台湾奇才李敖相见。

李敖："欢迎魏先生，我是李敖。"

许博允（音乐家，李魏会面的牵线人）："你们两位都是鬼才，这次会面，真可说是'鬼'撞'鬼'了，哈哈。"

魏明伦："不敢当，不敢当，李敖先生是大巫，我是小巫，今天是小巫见大巫。"

李敖："巫山（旧属四川省，今属重庆市）在四川，魏先生从四川来，大巫自当是魏先生。"

许博允打趣李魏见面是鬼撞鬼，而魏明伦更正说是"小巫见大巫"，这样，魏明伦既回应了许博允的打趣，又表达了自谦，可谓一举两得。而李敖的表现，出言也是相当俏皮，他以魏明伦来自四川而谦称"大巫自当是魏先生"。这么一来，三人会谈的场景仿佛就在眼前，不由得使我们感受到一股春风拂面般的欢畅。而这，自然要归功于三人幽默风趣的谈吐。

语言幽默的人在社交中往往大受欢迎。最能聚集人脉的人常常是颇具幽默感的人。我们都喜欢幽默的人，但并不是每个人都会使用幽默。

相反，许多人认为幽默是上帝赋予的先天禀赋，后天无法获得。其实，幽默是可以后天获得的。

对生活丧失信心的人不可能再运用幽默的资源，整天垂头丧气的人也无法体会幽默的妙用。因此，幽默的人首先应该对生活充满希望和热爱，自信地对己对人，即使身处逆境，也是快乐的。

要使自己变得幽默，快乐是幽默的源泉，保持快乐，不仅可以带给自己幽默，还可以让别人幽默起来。怎样才能保有"快乐"呢？

秘方之一是自娱自乐。这一点每个人都会，但最好不要应付了事。即使心情忧郁的时候，也找点儿自己愿意做的事，给情绪添点儿欢乐的色彩。

幽默是可以学习的，因此为了开发自己的幽默资源，必须先进行"投资"。多读些民间笑话、讽刺小说，多看一些喜剧，多听几段相声，随时随地收集幽默资源。你可以将幽默、有趣的文章剪贴，并加以分类归档。

周围世界中充满了幽默，你要睁大眼睛，去观看，并且竖起耳朵，去倾听。幽默来源于两个世界，一个是你真诚的内心世界，另一个是生活中周围的客观世界。当你用智慧把两个世界统一起来，并有足够的技巧和创造性的新意去表现你的幽默力量时，你会发现自己置身于趣味的世界中，人际关系也由此顺畅起来。另外，在运用幽默口才时应注意以下几个问题：

1.要注意场合。

在不适当的场合展示所谓的幽默，会造成不良的影响，甚至产生严重后果。美国前总统里根有一次在国会开会前，为了试试麦克风是否好用，张口便说："先生们请注意，五分钟之后，我将宣布对苏联进行轰炸。"一语既出，众皆哗然。里根在错误的场合、时间里，开了一个极为荒唐的玩笑。为此，苏联政府提出了强烈抗议。

2.要区别对象。

就像音乐是给会欣赏音乐的人听的，绘画是给会品味画的人看的一样，找错对象的幽默难免会造成双方的难堪。

3.与残疾人开玩笑要注意避讳。

俗话说："不当着和尚骂秃子，瞎子面前不谈灯。"拿他人的缺陷、不足开玩笑，会伤害对方。

4.内容要健康，格调应高雅。

5.态度要友善。冷嘲热讽地开玩笑，别人会产生反感。

6.和异性、不同辈分的人开玩笑要适当，"荤段子"不可说。

7.不可板着脸开玩笑。

8.不要以为捉弄他人也是幽默。别人会误以为你是恶意的而令你祸从口出。

9.不可总大大咧咧地开玩笑，让人觉得你不够成熟、踏实、稳重。

正如一位名人所说："幽默是生活波涛中的救生圈。"幽默能够营造一种轻松、诙谐的谈话和交往氛围，能让人在紧张的环境中得以放松，能愉悦人的心情，也能抚平生活中出现的波涛和褶皱。既然幽默有这么多的好处，青少年朋友何不学着成为一位能带给身边人快乐的幽默大师呢？

图书在版编目（CIP）数据

妈妈送给青春期女儿的书 / 田萍编著 . -- 长春：
吉林文史出版社，2019.3（2024.7 重印）
ISBN 978-7-5472-5947-4

Ⅰ.①妈… Ⅱ.①田… Ⅲ.①女性—青春期—家庭教
育 Ⅳ.① G782

中国版本图书馆 CIP 数据核字（2019）第 027195 号

妈妈送给青春期女儿的书
MAMA SONGGEI QINGCHUNQI NVER DE SHU

编　　著：田　萍
责任编辑：孙建军　董　芳
出版发行：吉林文史出版社有限责任公司（长春市福祉大路 5788 号出版集团 A 座）
　　　　　www.jlws.com.cn
印　　刷：三河市京兰印务有限公司
版　　次：2019 年 3 月第 1 版　2024 年 7 月第 9 次印刷
开　　本：145mm×210mm　1/32
印　　张：8 印张
字　　数：207 千字
书　　号：ISBN 978-7-5472-5947-4
定　　价：38.00 元